믿음이 이긴다

The Victory of Faith

믿음이 이긴다

홍민기 지음

들어가는 글

믿음이 이긴다

　기독교의 핵심은 믿음이다. 히브리서 11장 1절은 믿음을 "믿음은 바라는 것들의 확신이요, 보이지 않는 것들의 증거"라고 정의한다. 믿음은 본질이다.

　성경은 하나님을 향한 단순한 신뢰나 확신 이상의 믿음을 요구한다. 믿음의 가장 중요한 핵심은 '대상'이다.

　우리는 큰 믿음을 달라고 간구하지만, 중요한 것은 믿음의 크기가 아니다. 깊이도 아니다. 누구를 믿느냐 하는 그 믿음의 대상이다.

　당신은 누구를, 무엇을 믿고 사는가? 아무리 큰 믿음, 완벽한 믿음이 있어도 대상이 별로면 결과도 별로다.

어떤 사람이 완벽한 믿음을 가지고 아직 덜 언 호수를 믿는다고 치자. 그는 완벽하게 믿었다.

'나는 호수 위에 설 수 있다. 나는 호수 위를 걸을 수 있다. 호수는 완전히 얼었다.'

이렇게 믿는 '큰 믿음'으로 호수에 서면, 반드시 물에 빠진다. 믿음의 크기보다 대상이 중요하다!

반대로 완전히 꽝꽝 언 호수 앞에 겨자씨만 한 믿음을 가진 자가 있다. 그는 덜덜 떨고 있다.

'어쩌지? 나는 못 건너갈 것 같은데. 호수 위에 서면 죽을 것 같은데.'

그는 두려움에 휩싸였다.

그러나 그 있으나 마나 한 믿음으로 호수에 서도 그는 전혀 문제없다. 대상이 완벽하기 때문이다.

완벽한 믿음은 없다.
오직 완벽한 믿음의 대상만 존재한다.

전지전능하신 하나님이
믿음의 대상이라면,
믿음이 이긴다.

때로는 하나님을 향한 우리의 믿음이 약해지고 흔들릴 때가 있다.

그러나 우리의 작은 믿음에 흔들리고 실망하는 시간 속에서도 주님은 일하신다. 그분은 "너 죽는 꼴 못 본다"라고 하신 예수 그리스도시다. 우리는 우리를 완벽하게 사랑하시는 예수님, 그 예수 그리스도를 믿는다!

동네 작은 카페에서

홍민기 목사

일러두기

이 책의 성경 구절은 주로 '새번역'을 사용하였습니다. 다른 버전을 사용할 경우 해당 역본을 표기하였습니다.

차례

들어가는 말

Chapter 1	믿음은 하나님을 아는 것	· 14
Chapter 2	믿음의 시작	· 40
Chapter 3	흔들리지 않는 믿음	· 60
Chapter 4	의심을 이기는 믿음	· 76
Chapter 5	믿음의 능력	· 96
Chapter 6	믿음과 기다림	· 116
Chapter 7	믿음의 공동체	· 138
Chapter 8	믿음의 상급	· 154

The Victory of Faith

Chapter 1

믿음은
하나님을 아는 것

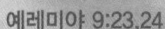 예레미야 9:23,24

²³ "나 주가 말한다. 지혜 있는 사람은 자기의 지혜를 자랑하지 말아라. 용사는 자기의 힘을 자랑하지 말아라. 부자는 자기의 재산을 자랑하지 말아라. ²⁴ 오직 자랑하고 싶은 사람은, 이것을 자랑하여라. 나를 아는 것과, 나 주가 긍휼과 공평과 공의를 세상에 실현하는 하나님인 것과, 내가 이런 일 하기를 좋아한다는 것을, 깨달아 알 만한 지혜를 가지게 되었음을, 자랑하여라. 나 주의 말이다."

믿음이 이긴다? 정말인가? 그렇다면 믿음은 무엇인가? 어떤 믿음을 가져야 이길 수 있는가?

믿음에 대해 많은 말들이 있지만, 믿음은 하나님을 아는 것이다. 믿음은 단순한 희망이나 긍정적인 생각이 아니다. 성경은 믿음을 "바라는 것들의 확신이요, 보이지 않는 것들의 증거"(히 11:1)라고 한다. 하나님을 알아야만 바라는 것들의 확신을 가질 수 있고 보이지 않는 것들의 증거로 삼을 수 있다. 믿음은 하나님을 아는 것이다.

세상은 지혜와 힘, 부와 같은 것들을 성공과 승리의 기준으로 삼는다. 이는 곧 자신의 능력치를 의미한다. 그러나 이런 것들은 영원하지 않다. 모두 사라질 것들이다. 그래서 하나님은 이렇게 말씀하신다.

"나 주가 말한다. 지혜 있는 사람은 자기의 지혜를 자랑하지 말아라. 용사는 자기의 힘을 자랑하지 말아라. 부자는 자기의 재산을 자랑하지 말아라. 렘 9:23

'세상의 기준으로 강한 것들을 자랑하거나 믿지 말라. 이런 것들은 곧 사그라지고 말 것들이니, 용사는 힘을 자랑하지 말고 부자는 재산을 자랑하지 말라'는 말씀이다.

하나님 아는 것을 자랑하라

영적인 삶은 하나님을 아는 것을 자랑한다.

오직 자랑하고 싶은 사람은, 이것을 자랑하여라. 나를 아는 것과, 나 주가 긍휼과 공평과 공의를 세상에 실현하는 하나님인 것과, 내가 이런 일 하기를 좋아한다는 것을, 깨달아 알 만한 지혜를 가지게 되었음을, 자랑하여라. 나 주의 말이다." 렘 9:24

하나님을 아는 것이 진정한 힘이라고 느껴본 적 있는가? 우리는 하나님을 아는 지식을 자랑해야 한다. 하나님의 성품을 자랑하고, 그 성품을 따라 살아야 한다.

하나님의 성품은 사랑과 정의와 공의다. 이 땅의 힘과 부를 따르려는 마음을 절제하고, 방향을 바로잡는 것이 믿음이다.

하나님은 "나 주가 긍휼과 공평과 공의를 세상에 실현하는 하나님"(렘 9:24)이라고 말씀하신다. 하나님 외에 공의를 실현하실 수 있는 분은 없다. 하나님 외에 그 누구도 공의를 말할 자격이 없다.

그런데 인간들은 너무 쉽게 공의를 말한다. 자기중심적인 인간은 공평하지 않다. 공평과 공의는 하나님의 것이다. 공평과 공의는 사람의 기준에서 일어나는 것이 아니라, 하나님의 기준에서 일어나는 것이다.

하나님이 긍휼과 공평과 공의를 실현하신다. 그리고 하나님은 세상에 긍휼과 공평과 공의 베풀기를 좋아하신다.

그렇기 때문에 하나님을 믿는 우리는 긍휼 사역에 열심을 내야 한다. 또한 사회를 향해 하나님의 공평과 공의가 심기도록 기도해야 하는 이유이기도 하다. 교회가 긍휼 사역에 힘쓰며, 사회를 바라보며 공평과 공의가 심길 수 있도록 애쓰며 사는 것이 믿음 생활이다.

라이트하우스무브먼트에 소속된 모든 교회는 긍휼과 선교를 두 기둥으로 삼는다. 하나님의 마음으로 교회가 긍휼 사역에 힘쓰며, 공동체의 유익보다 하나님나라를 먼저 생각하며 헌신하는 것이 믿음의 본질이기 때문이다.

세상 것을 자랑하고 싶은 본성

우리는 본능적으로 자랑하고 싶다. 온갖 것을 다 자랑하며, 적어도 '내가 너보다는 낫다'라는 것을 드러내고 싶어 한다. 이것이 뜻대로 되지 않을 때 낙심이 찾아온다.

그토록 모든 것을 자랑하고 싶어 하면서도, 정작 믿음은 자랑하지 않는다. 하나님을 아는 것을 자랑하지 않는다. 하나님을 아는 지식은 조용히 마음 한구석에 밀어둔다. 바로 이 지점에서 문제가 발생한다.

영적 세계에 눈을 뜨고 마음을 열지 않는 한, 우리는 세상의 힘에 쉽게 끌려간다.

세상에서는 돈이 힘이다. 돈으로 이 땅에서의 힘의 축이 세워진다. 세상에 돈만큼 강력한 힘이 또 어디 있는가. 그러니 돈이 우리를 지배하고 세상을 좌우하는 모습을 자주 목격하게 되는 것 아닌가.

게다가 돈은 눈에 보인다. 그러니 눈에 보이지 않는 믿음과의 싸움에서 믿음이 늘 밀릴 수밖에 없다.

영의 눈을 떠야 한다.
눈앞의 돈의 힘이 아니라
영적 세계를 볼 수 있어야 한다.

그래야 돈의 지배를 거절할 수 있다.

세상의 것에 맛 들이지 말고, 세상을 자랑하지 말자. 세상 자랑은 부질없다.

교회는 하나님을 자랑하고, 그분을 알아가는 것을 자랑하는 곳이다. 이것 말고 다른 자랑은 필요 없다. 그럼에도 교회 안에 얼마나 많은 세상적인 자랑이 있는가? 이제 잘못된 자랑에서 벗어나야 한다.

나는 집회를 가면 집회 전에 식사를 거의 하지 않는다. 그런데 한번은 어느 교회에 부흥회로 참석했는데, 교회의 간곡한 부탁으로 첫날 교회 리더들과 함께 식사를 하게 됐다.

스무 명 정도가 함께 식사를 마치고 돌아가면서 소개를 하는데, 자신을 소개하지 않고 꼭 옆에 있는 사람 소개를 대신 해준다. "이분으로 말씀드리면요, 어떤 일을 하는 사람인데 얼마나 귀한 분이고"라는 내용의 소개가 이어졌다.

교회 중진들을 소개하는 내용인데, 영적인 이야기는 나오지 않았다. 다 이 사람이 세상에서 어떤 일을 하는지, 얼마나 크게 사업을 하는지 같은 것들이었다. 세상이 교회로 들어왔다. 세상의 가치와 힘이 교회를 흔들고 있다.

'이분은 기도에 정말 힘쓰는 분입니다.'
'이분은 주님을 깊이 사랑하는 분입니다.'
'이분은 교회를 진심으로 사랑하는 분입니다.'

이런 칭찬과 소개는 시시해졌는지, 이제 듣기가 쉽지 않다.

하나님을 경배하는 법

우리도 이런 문제를 잘 알고 있다. 그럼에도 이 땅의 힘을 쉽게 포기할 수 없다. 그래서 교회 밖은 온통 전쟁이다. 세상의 힘과 믿음의 싸움이 끊임없이 벌어지는 실전이다.

그러나 분명히 말할 수 있다.
믿음은 환경과 상황을 이긴다!

바벨론은 군사력(힘)과 정치적 전략(지혜), 그리고 경제력(부)을 의지했지만 하나님 앞에서는 바람 앞의 먼지와 같았다. 승리는 하나님을 믿는 자들에게 있다!

성경은 믿음의 승리를 말하나, 우리는 아직도 세상의 방법을 취한다. 전적으로 하나님을 따를 믿음도 없고, 그렇다고 하나님을 떠날 배짱도 없다. 그러니 어정쩡한 상태에 머문다.

"세상에 돈만큼 힘 있는 건 없어 보여도, 그래서 돈이 다스리고 돈 때문에 자존심이 상해도, 그럼에도 불구하고 나는 돈을 따라 살지 않겠다!"

이 결단이 믿음이다. 그리고 하나님을 경배하고 경외하는 방법이다!

믿음은 영원한 가치를 붙든다.
지나가는 힘을 붙잡지 않는다.

그분과 함께 동행하며,
깊은 관계 속에 사는 것이 믿음이다.

이 땅의 것은 다 헛되다

전도서 1장 2절은 이렇게 말한다.

> 전도자가 말한다. 헛되고 헛되다. 헛되고 헛되다. 모든 것이 헛되다. 전 1:2

이 땅의 것은 다 헛되다. 그리고 모두 지나가버린다. 그런데도 우리는 여전히 이 땅의 것을 추구한다.

그런 우리가 자신을 돌아보며 하나님을 기억하는 순간이 있다. 바로 하루를 마무리할 때, 새로운 한 달을 시작할 때, 한 해를 마무리하고 시작할 때와 같은 순간이다.

하나님께서 왜 우리에게 24시간이라는 하루를 주셨을

까? 7일이라는 일주일을 주신 이유는 무엇이며, 12개월이라는 일 년의 시간을 주신 이유는 또 무엇일까?

해가 뜨거나 질 때, 혹은 하루를 시작하거나 마무리할 때 적어도 한 번은 인생을 돌아볼 수 있게 하시려고 하루를 주신 게 아닐까? 새 아침마다 '오늘은 세상의 헛된 것보다 주님을 더 붙잡아야겠다'는 생각을 할 수 있게 하시려고 매일 새로운 하루를 주신 것 아닐까?

일주일을 주신 것은 적어도 한 주에 한 번은 예배하고 말씀 안에 다시 거하라고 말씀하시는 것이 아닐까?

한 달에 한 번 달력을 넘길 때마다 '또 한 달이 지났구나. 이렇게 한 달을 보내도 될까?' 하며 자신을 돌아보며 반성할 수 있지 않은가?

일 년의 시간이 지나 연말과 연초를 맞을 때 기도하면서 '하나님 앞에서 내가 똑바로 살고 있는가? 하나님의 사람답게 살고 있는가?' 점검해봐야 하지 않은가? 하나님께서 시간이라는 테두리 속에서 그런 생각을 요구하시는 것은 아닐까?

이 땅의 것은 헛되다. 우리도 안다. 당해봐서 알고, 느껴봐서 안다. 그런데도 우리는 땅의 것에 너무 많은 마음을 두고 산다.

세상의 지혜도 마찬가지다. 고린도전서 1장 25절은 명확하게 말한다.

> 하나님의 어리석음이 사람의 지혜보다 더 지혜롭고, 하나님의 약함이 사람의 강함보다 더 강합니다. 고전 1:25

명확한 답이다. 하나님의 어리석음이 사람의 지혜보다 더 지혜롭다. 하나님께 어리석음이 있을 수 없지만, 설령 그렇다 할지라도 사람의 생각과 비교할 수 없다.

그런데도 우리는 힘과 지혜를 찾아 헤맨다. 문제를 해결하고 싶어서 헤매지만, 세상은 온갖 쓸데없는 말로 시끄럽기만 하다.

그러나 믿음은 단순하고 고요하다. 시끄럽지 않다. 믿음이 이기려면 하나님의 말씀을 따라야 한다. 믿음이 이기려면 이 땅의 것으로 사는 것이 아니라 하나님의 것으로 살아야 한다.

누구의 힘으로 살아야 할까

세상을 살려면 힘이 필요하다. 힘이 있는 사람을 알기만 해도 큰 도움이 된다. 누구의 힘으로 살아갈 것인가? 도대체 누구의 힘으로 살아야 살 만해질까?

시편 46편은 '힘'에 대해 이렇게 말한다.

> 하나님은 우리의 피난처이시며, 우리의 힘이시며, 어려운 고비마다 우리 곁에 계시는 구원자이시니, 시 46:1

돈을 많이 벌면 해결될 것 같은가? 그러나 인생을 살다 보면 돈으로 해결하지 못하는 문제들이 펑펑 터진다.

힘 있는 자리에 오르면, 명예로운 직책에 오르면 뭔가 할 수 있을 것 같은가? 사실, 그렇지 않다는 것을 다 알고 있지 않은가?

돈으로 병원비는 낼 수 있지만,
건강은 살 수 없다.
돈으로 집은 살 수 있지만,
행복한 가정을 살 수는 없다.
돈은 안정감은 줄 수 있지만,
평안함을 주지는 못한다.

잠언은 이렇게 경고한다.

한순간에 없어질 재물을 주목하지 말아라. 재물은 날개를 달고, 독수리처럼 하늘로 날아가 버린다. 잠 23:5

재물이 날개를 달았단다. 돈은 왔다가도 가버리고 갔다가 다시 돌아오기도 한다. 그러니 있을 때 잘 써야 한다. 선한 일에 가치 있게 쓰고, 하나님께 인색함 없이 드려야 한다. 사소한 일에 지나치게 아끼다가 생각지도 못한 문제가 발생하여 엉뚱한 돈이 나가는 일을 경험해보지 않았는가?

목회 현장에서 보면, 물질로 잘 섬기는 성도 중에 형편이 넉넉한 분들은 오히려 별로 없다. 많은 성도들이 조금만 더 벌면, 조금만 형편이 나아지면 하나님께 드리겠다고 하는데, 그런 일은 좀처럼 일어나지 않는다.

물질이 풍성하면 더 잘 섬길 것 같지만, 그렇지 않다. 오히려 형편이 어려운 분들이 적은 돈이라 죄송하다며 이것이라도 좋은 일에 써달라고 자신의 주머니를 털어 가져오신다. 세상의 상식으로는 이해되지 않는 일이다.

섬김은 재정이 풍성한 사람이 하는 게 아니라
마음이 있는 사람이 하는 것이다.

부와 지혜와 힘으로 살지 않겠다는 결심에서 믿음은 시작된다. 십일조는 신앙의 기본이며, 시작이다. 하나님께 십일조조차 드리지 못한다는 것은, 아직 신앙생활의 문턱을 넘지 못했다는 의미다. '돈의 주인이 하나님'이라는 인식이 없는데, 어떻게 '내 삶의 주인이 하나님'이 될 수 있겠는가?

그러므로 하나님은 우리에게 선하신 분임을 믿으며 그분께서 우리의 삶을 아름답게 인도하시기를 바라면서도 하나님께 드리는 일에 인색하다면, 자신의 신앙생활을 되돌아볼 필요가 있다.

땅의 부와 지혜와 힘으로 살지 않겠다는 결심에서 믿음은 시작된다. 하나님을 알아가길 원하는 것, 그리고 그 과정에서 은혜를 받는 것, 이것이 믿음이다.

하나님을 알아갈수록 신뢰가 쌓인다

하나님을 안다는 것은, 곧 그분의 성품을 경험하는 것이다. 이는 다시 말해, 하나님의 긍휼과 공의와 공평하심을 경험하는 것이다.

그런데 막상 믿음 생활을 하는 우리는 하나님이 별로 공평하지 않으신 것 같다고 느낄 때가 많다.

'저 친구는 대충 살아도 저렇게 잘 사는데, 나는 저 사람보다 못한 게 하나도 없는데 왜 이렇게 힘들지? 내가 무슨 죄를 지었다고 하나님이 나를 이렇게 힘들게 하시는 거지?'

이런 생각들이 들 수도 있다. 세상의 기준으로 공평을 찾는다면 말이다. 그러나 세상의 기준으로 하나님의 공평을 찾는다면, 그는 하나님을 만난 사람이라고 할 수 없다.

하나님께서 이 땅에 오셔서 나를 살리신 것은 공평의 이야기가 아니다. 그것은 사랑의 이야기다. 사랑은 공평을 뛰어넘는다.

공평은 사랑하지 않을 때 튀어나오는 주제다. 우리가 정말 하나님을 사랑한다면, 하나님의 사랑을 느끼고 있다면, 하나님이 나를 공평하게 여기고 계시는지에 생각이 머물지 않는다. 어떻게 하면 하나님을 더 사랑할까, 더 잘할까, 더 섬길 수 있을까 고민하게 된다.

하나님이 원하시는 것을 붙잡아야 한다. 하나님이 원하시는 것을 붙잡고 살아야 한다. 영적으로 깨어 있어야 한다. 영적으로 깨어난다는 것은 말씀으로 결단한 대로 사는 것이다.

사는 것은 만만치 않다. 큰 돌덩이 하나를 짊어지고 가는 것 같다. 계속해서 옆을 살피며 누구의 돌이 더 큰지를 살핀다면, 아마도 아직 힘이 남아도는 것일 거다.

말씀 앞에 결단한 대로 살며, 남의 돌 크기에 눈 돌리지 말라. 정신을 바짝 차리고 하나님의 말씀에 집중하며, 그것이 영적으로 얼마나 중요한 일인지를 깨달아야 한다. 믿음으로 승부를 걸지 않으면 진다. 패배한다.

하나님을 경험하라!
더 깊게 경험하라!
그리고 하나님을 신뢰하라!

하나님을 알아갈수록 신뢰로 이어진다. 하나님을 경험하며 알아갈 때마다 더욱더 하나님을 신뢰하게 되는 것이다.

믿음이 없이는 하나님을 기쁘게 해드릴 수 없습니다. 하나님께 나아가는 사람은, 하나님이 계시다는 것과, 하나님은 자기를 찾는 사람들에게 상을 주시는 분이시라는 것을 믿어야 합니다. 히 11:6

하나님을 기쁘시게 하는 방법은, 그분을 믿는 것이다. 믿음이 뭐라고 했는가? 바로 하나님을 아는 것이다. 하나님을 알아가지 못한다면 믿음은 없다. 믿음이 없이는 하나님을 기쁘시게 할 수 없다!

불가능한 일들이 펼쳐지기 시작한다

믿음이 자라려면, 일상에서 하나님의 성품을 경험해야 한다. 하나님의 성품을 일상에서 경험하며 하나님을 알아갈 때 우리의 믿음은 더욱 커지며, 하나님을 향한 믿음이 더 커질 때 역사가 일어나게 된다.

라이트하우스 해운대를 개척해서 6년 동안 사택을 다

섯 번이나 옮겼다. 지난번에 이사한 집은 겨울에 갑자기 난방이 안 되었다. 부산 겨울이 그렇게 매섭지 않아서 그럭저럭 버틸 만했지만, 그래도 겨울에 난방이 안 되니 힘들고 속상했다. 도저히 안 되겠어서 난방 기사님을 모셨다. 그 분이 이것저것 만지자 안 되던 난방이 금방 된다.

나는 우당탕하며 난방기를 치고 때려도 해결이 안 되었는데, 이분은 조용히 고치신다. 얼마나 존경스럽던지! 사람도 내가 경험하지 못한 부분을 알고 있으면 내가 할 수 없는 일을 한다.

하나님을 알아가고 경험한다는 것은 현재 우리가 할 수 없는 일이 가능해진다는 의미다. 하나님을 경험하는 폭과 깊이가 커지고 깊어질수록, 지금은 불가능한 일들이 실현될 것이다.

지금은 믿어지지 않는 것이 믿어지고, 지금은 누릴 수 없는 평안을 누릴 수 있게 된다. 지금은 안 되는 것 같아도 하나님을 깊이 경험할 때 풀리기 시작한다. 엉클어지고 망가진 인생 같아도 아름다운 회복이 시작된다.

믿음에 승부를 걸자

그러니, 믿음에 승부를 걸자. 일상에서 하나님을 경험할 때, 말씀대로 밀고 나가보자. 말씀대로 살아야 한다.

그렇게 하나님의 말씀대로 나아가다가 잘못하면 회개하고 무릎 꿇어야 한다. 자기 자신을 쳐서 근신하고, 하나님 앞에서 다시 한번 정신을 차리고, 그러고도 안 되면 금식도 하면서 하나님 앞에서 몸부림쳐야 한다.

그렇게 하나님의 뜻과 마음을 굳게 붙잡아 하나님의 성품과 마음과 계획이 우리의 일상 속에 드러나게 해야 한다.

예전에 어린 시절에 나는 2025년쯤 되면 무슨 신발만 신으면 사람들이 다 하늘을 날아다닐 수 있을 줄 알았다. 그때 내가 봤던 만화영화에선 다들 날아다녔다. 자동차도 날아다니고, 기차도 날아다니고.

그런데 2025년의 현실은 어떤가? 물론 A.I.도 개발되고, 과학 기술은 많이 발전했지만, 우리의 삶의 모습은

체감상 예전과 크게 다르지 않다. 어디를 가려면 여전히 차를 타야 하고, 차들은 날지 못한 채 꽉 막힌 도로를 인내심을 가지고 지나가야 한다.

과학이 아무리 발전해도 하나님을 대신할 수는 없다. 우리는 그 사실을 안다. 살다 보면 인간적인 어려움을 인간 스스로 해결하지 못하는 경험을 종종 하게 된다. 마치 고장 난 난방기를 스스로 해결할 수 없는 것처럼.

그런데 하나님의 아들 예수 그리스도께서 이 땅에 오셨다. 나를 위하여. 이곳은 예수님과 어울리지 않는다. 그럼에도 불구하고, 오셨다. 사람답게 살라고, 내가 창조한 대로 살라고 내게 생기를 불어넣어주시기 위해 십자가를 지셨다.

'네게 회복을 주겠다'라고 말씀하시기 위해.

그분이 '나를 따르라'라고 하신다.

믿음은 그 길 위에 서서 한 걸음씩 주를 따르며 날마다 주님을 더 알아가는 것이다.

그런데 우리는 자꾸 잘못된 길로 간다. 엉뚱한 짓을

하며 다른 길로 향한다. 이는 날씨가 추워서 난방기를 켜야 하는데, 에어컨을 켜는 것과 같다. 도대체 언제까지 그렇게 살 것인가?

주님을 닮아가는 변화 없이는 아무것도 안 된다. 주님을 경험하는 믿음이 없이는 절대 이길 수 없다. 하나님을 섬기기 위해 펼치는 사역조차도 변화를 막는다면, 내려놓고 변화에 힘써야 한다.

사역과 봉사보다 믿음이 중요하다. 삶을 드리지 못하면서 하나님의 놀라운 역사 속에서 살아간다는 것은 어불성설이다.

일상을 주목하자. 믿음은 일상에서 하나님을 경험하는 것이다. 일상을 대수롭게 여기지 말라. 그 일상이 하나님의 임재를 체험하는 시간이 될 때, 믿음이 이긴다.

§

"믿음이 이기려면 하나님의 말씀을 따라야 한다.
믿음이 이기려면 이 땅의 것으로 사는 것이 아니라
하나님의 것으로 살아야 한다."

The Victory of Faith

Chapter 2

믿음의 시작

 로마서 10:17

¹⁷ 그러므로 믿음은 들음에서 생기고, 들음은 그리스도를 전하는 말씀에서 비롯됩니다.

우리는 수많은 소리 속에서 살아간다. 사방에서 들려오는 시끄러운 소리부터 이어폰을 통해 내게만 들려오는 소리까지. 뉴스, 광고, 유튜브 등 수없이 많은 말들 속에는 우리의 속을 부글부글 끓게 하는 많은 소리들이 포함되어 있다.

무엇을 들으며 사느냐가 매우 중요하다. 믿음의 출발점도 들음이다. 무엇을 듣고 사느냐에 따라 삶의 기준이 달라진다.

> 그러므로 믿음은 들음에서 생기고, 들음은 그리스도를 전하는 말씀에서 비롯됩니다. 롬 10:17

믿음은 말씀을 들을 때 시작된다. 놀라운 기적을 체

험했거나 교회를 오래 다녔다고 해서 믿음이 자동으로 생기는 게 아니다. 하나님의 말씀을 마음으로 듣는 것에서 시작한다.

청년들에게서 가끔 세상 음악을 들어도 되냐는 질문을 받는다. 세상 음악 중에도 아름답고 귀한 음악이 많다. 지친 일상에서 음악을 들으며 마음의 위로를 받는 일도 많다. 그러나 '들어도 된다, 안 된다'보다 더 중요하게 생각할 것은, 음악을 들으면 분명 영향을 받는다는 것이다.

예전에 미국에서 대학 다닐 때, 치과에서 아르바이트를 한 적이 있다. 치과에서는 하루 종일 부드러운 음악이 아주 조용하게 흘러나왔다. 너무 조용해서 가사는 잘 들리지도 않았다. 그런데 그날 저녁 기도하려고 무릎을 꿇으니, 그 가사가 기도를 막았다.

그만큼 무엇을 듣고, 무엇을 보며 사느냐는 정말 중요한 문제다.

무엇을 들으며 살 것인가

하나님의 말씀은 종교적인 문장이 아니라 삶 깊숙한 곳을 건드리는 살아 있는 음성이다. 성경은 고대 문헌이 아니라 지금도 말씀하시는 하나님의 통로다.

말씀이 육신이 되어 이 땅에 오셨다.
세상 소리에 집착하지 말고,
말씀을 붙잡아야 한다.

세상 소리에 집착하면 세상 소리에 흔들린다. 세상에는 온갖 잡스러운 소리가 많다. 말씀으로 분별하고, 말씀 중심으로 살자.

세상의 온갖 소리 한가운데서 바른 소리를 분별하고 말씀 중심으로 살기 위해서는 매일 말씀을 묵상하고 성경을 읽어야 한다. 아침 시간에 바쁠 때는 짧은 구절을 깊게 묵상하고, 시간이 날 때는 긴 호흡으로 통독을 하며 성경을 읽어가자.

묵상과 통독, 이 두 가지 성경 읽기가 다 있어야 한다. 하나만 있으면 안 된다. 할 수 있다면 최선을 다해서 1년에 성경 3독을 해보자. 성경 3독은 하루에 한 시간만 성경 읽기에 투자하면 가능하다.

삼십 대인 J성도는 늘 바쁜 하루하루를 살아가고 있었다. 온종일 업무에 시달리다가 퇴근 후에는 육아와 집안일도 감당해야 했으니, 늘 피곤한 일상이었다. 어느 날 어린 아들이 물었다.

"아빠, 하나님이 진짜 있어?"

교회학교 때부터 주일예배는 빠지지 않았던 그였지만, 아들의 질문에 쉽게 대답을 못 했다. 바쁜 일상에서 겨우 주일예배만 드릴 뿐, 믿음의 성장을 위한 말씀 생활에 소홀했던 탓이리라.

인생을 살아가는 동안 삶의 변화가 한순간에 쉽게 극적으로 찾아오는 경우는 드물다. 삶의 변화는 아주 차근차근 아주 조금씩, 내가 느끼지 못하는 상황 속에서 오는 경우가 많다.

믿음 생활도 마찬가지다. 어느 날 갑자기 믿음이 확 자란다거나 삶의 변화가 체감되기는 어렵다. 그러나 그 변화가 1년, 10년, 20년 쌓이면 하나님이 원하시는 주의 용사가 되어 있다.

그렇기 때문에 일상이 중요하다. 일상에서 하나님의 성품을 알아가는 것, 그것이 믿음이다. 그리고 그 믿음은 하나님의 말씀을 듣는 데서 시작한다.

성경을 읽고 묵상하는 것은, 하나님의 말씀을 직접 듣는 것이다. '하나님의 말씀을 듣고 하나님의 말씀대로 산다!', 이것 말고 다른 것은 중요하지 않다.

사람의 말에 휘둘리거나 영향받는 게 아니라 하나님의 말씀을 계속해서 보고 들으며, 그 말씀에 붙들려 살아가야 한다.

여러분은 이 시대의 풍조를 본받지 말고, 마음을 새롭게 함으로 변화를 받아서, 하나님의 선하시고 기뻐하시고 완전하신 뜻이 무엇인지를 분별하도록 하십시오. 롬 12:2

믿음은 하나님의 말씀을 들음으로 새롭게 변화되어 하나님의 마음을 아는 것이다. 그럴 때 세상의 소리에 휩쓸리지 않고 살아갈 수 있다.

의지를 발휘하여 말씀을 읽으라

말씀은 그냥 읽히지 않는다. 애를 써야 한다. 의지적으로 행해야 하는 부분이 매우 크다. 말씀이 너무 읽고 싶고, 말씀이 너무 달아서 은혜로운 날은 많지 않다. 그래도 말씀을 읽는 것이다. 이것이 중요하다. 이건 의지적인 것이다. 운동하기 싫지만 일어나서 운동하는 것처럼, 말씀을 읽고 싶어서가 아니라 읽어야 하니까 읽는 것이다.

매일 말씀을 읽는 것이 중요하다. 매일 말씀을 읽고 말씀 안에 사는 것이다. 믿음의 시작은 말씀이다. 다른 데 있지 않다.

뜨거운 집회를 통해서 좋은 시작을 할 수는 있지만 꾸

준한 변화를 일으킬 수는 없다. 말씀 앞에 머무는 하나님과의 일대일의 시간이 없으면, 일상에서 하나님의 성품을 경험할 수 없다. 하나님의 성품이 도대체 뭔지도 모르면서 그분을 닮아갈 수 없는 노릇이다.

하나님이 어떤 분이신지 잘 모르겠다면
지금부터 말씀을 읽어라!
하나님을 정말 제대로 믿고 있는지 잘 모르겠다면
지금부터 말씀을 읽어라!

때로는 무지하여 일상에서 하나님의 역사가 있어도, 자기 삶에서 하나님의 역사가 일어나고 있는지조차 모른다. 말씀을 읽지 않기 때문이다. 말씀이 사람을 살린다. 말씀이 인생을 살 만하게 해준다.

P성도는 사십 대 초반의 워킹맘이다. 경력도, 가정생활도 나쁘지 않다. 그런데 마음 한편에 맴도는 공허함을 채울 방법이 없었다. 사람들과 어울릴 때는 괜찮다가도

혼자 있으면 자꾸 우울한 생각을 하게 되었다. 자신도 모르는 사이에 뺨 위로 흐르는 눈물에 화들짝 놀라 눈물을 훔치기도 했다.

어느 날 교회에서 성도와 교제하는 중에, 성경을 읽어보라는 조언을 들었다. 시간이 안 되면 출근길에 성경을 듣기라도 하라고 했다. 다음날 출근길에 이어폰으로 성경을 듣는데, 이런 말씀이 들렸다.

"내가 너를 지명하여 불렀나니 너는 내 것이라"(사 43:1, 개역개정).

이 말씀을 듣는 순간, 마음 깊은 곳에서 뜨거운 것이 꿈틀거리기 시작했다. 그리고 또 다른 의미의 눈물이 그의 얼굴에 흘러내렸다.

믿음의 시작, 그리고 성장

믿음의 시작은 단순하다. 큰 결단이나 특별한 체험이 아니라 하나님의 말씀을 진심으로 듣는 것이다. 하나님은 말씀을 이미 성경으로 주셨다.

다른 데서 방법을 찾으면 안 된다. 방방 뛰고 뜨거운 집회를 찾아 다녀봐도, 당시에는 당장 삶이 뒤집힐 것 같은 은혜를 받아도, 말씀 중심으로 이어가지 않으면 그 은혜가 오래 못 간다.

나는 지금까지 브리지임팩트 사역을 통해 수천 명, 수만 명의 청소년들을 섬겼다. 아이들이 방방 뛰고 울고 난리가 난다. 그렇게 집회를 하며 뜨거운 아이들을 볼 때마다 이번 집회가 끝나면 전국의 중고등학교가 변화될 것 같았다. 그런데 그런 이야기는 들려오지 않았다.

한 번의 뜨거운 집회로는 꾸준한 변화를 이어갈 수 없다. 하나님과의 일대일의 시간, 말씀을 듣고 보는 시간이 필요하다.

공동체 안에서 찬양은 함께 부를 수 있고, 기도도 같이 할 수 있지만, 말씀 읽기만큼은 내가 시간을 정해서 의지적으로 하지 않으면 안 된다. 그래서 성경읽기표에 체크하며 읽어가는 것이다.

감정과 상황에 지지 말고 말씀을 읽자. 성경읽기표에 체크하기 위한 의무감으로라도 읽기 시작하자. 그 말씀이 쌓이면 강해진다. 지금 아무것도 느껴지지 않더라도, 쌓이는 중이다.

성경을 읽다가 마음에 와닿는 말씀이 있으면 멈춰보자. '하나님, 저에게 무엇을 말씀하고 싶으십니까?' 하고 여쭤보자.

그렇게 한 걸음씩 걸어가는 것, 그리고 그 길 위에서 만나는 믿음의 형제자매와 그 말씀을 나누며 함께 걸어가는 것, 믿음의 시작은 그렇게 성장으로 이어진다.

뉴스에서 스마트폰 사용을 2주만 안 해도 뇌가 10년 젊어진다는 연구 발표를 한 적이 있다. 유튜브에 많은 시간을 할애하며 온갖 잡소리에 휩싸여 지내는 것은 하나님의 말씀에서 멀어지게 만드는 것은 물론이고, 건강한 일상생활도 방해한다.

이제 스마트폰을 내려놓고 성경을 펼치자. 하나님 앞에서 조용한 시간을 가져보자.

취미 생활을 10년 했다고 생각해보자. 뭐든 10년을 하면 분명 실력이 는다. 그림을 그리든, 운동을 하든. 그런데 유독 신앙생활은 시간이 오래 흘러도 큰 변화가 없다. 제일 나쁜 것은 머리로 아는 것만 많아져서 교만해지는 것이다. 아는 것도 많고 들은 것도 많지만, 자기한테 적용을 안 시킨다. 말씀을 제대로 읽지 않은 것이다. 제대로 된 믿음의 시작은 말씀밖에 없다.

하나님과 대화하기 위해 말씀 읽기

하나님은 말씀이시다. 이 땅에 말씀으로 임재하셨다. 그분은 우리에게 말씀하고 싶어 하신다. 우리와 대화하기를 원하신다.

사춘기 아이들을 키울 때 제일 힘든 것은, 아이들이 말을 안 듣는 것이 아니다. 오히려 그들이 말을 안 하기 시작하는 것이다. 그들의 입술이 앙다물어지고 방문이 굳게 닫히면, 부모는 서운하고 답답하다. 대화가 막히면서 관계는 급격히 멀어진다.

하나님과의 관계성에서 제일 중요한 것은 대화다. 사실 하나님은 우리와 대화를 나누실 존재는 아니시다. 지극히 거룩하시고 전지하시고 전능하신 그분이 우리 같은 인간과 대화 나누시기 위해 이 땅에 오시다니, 말이 안 된다. 그럼에도 그분은 우리와 대화하기 원하신다. 우리와 관계 맺기를 원하시기 때문이다. 공동체적으로도 말씀하시지만 일대일의 관계 안에서 우리 한 사람 한 사람과 대화를 나누고 싶어 하신다.

하나님과의 대화는 어떻게 이루어지는가? 기도다. 그런데 막상 기도하는 게 어렵다. 기도하기 어려운 이유 중 하나는 하나님을 잘 모르기 때문이다. 하나님의 말씀을 모르니 하나님을 모른다. 말씀을 모르면 기도가 안 되고, 하나님과 대화를 나눌 수 없다.

우리는 오직 말씀을 통해 하나님을 알아갈 수 있다. 하나님을 알아갈 때 믿음이 시작되고, 믿음이 자란다. 그래서 믿음의 시작은 말씀이다.

하나님의 말씀을 읽으면 읽을수록 하나님에 대해서 알아간다. 하나님에 대해서 알아야 일상에서 하나님의 성품이 역사를 하기 시작한다. 그 체험은 더욱더 든든한 믿음의 뿌리를 내리게 한다.

말씀에 행함으로 반응하라

지속적으로 하나님의 말씀이 나에게 가장 높은 우선순위가 되면, 반드시 말씀에 반응하기 시작한다.

영혼이 없는 몸이 죽은 것과 같이, 행함이 없는 믿음은 죽은 것입니다. 약 2:26

우리는 하나님의 말씀에 행함으로 반응해야 한다. 하나님의 말씀에 순종하는 것이다. 하나님의 말씀을 붙잡는 것이다. 행함이 없는 믿음은 죽은 것이다. 하나님이 원하시고 바라시는 일들을 행하는 반응이 있어야 한다.

믿음의 시작은 말씀이며, 말씀은 행함을 통해서 순종해야 한다. 말씀을 받았으면 행해야 한다. 오늘 묵상하면서 말씀을 받았으면, 꼭 실천하겠다는 의지가 있어야 한다. 의지적인 결단이 없으면 신앙생활을 할 수 없다.

믿음으로 아브라함은, 부르심을 받았을 때에 순종하고, 장차 자기 몫으로 받을 땅을 향해 나갔습니다. 그런데 그는 어디로 가는지를 알지 못했지만, 떠난 것입니다. 히 11:8

믿음으로 아브라함은 하나님의 부르심을 받았을 때 순종했다. 현실을 넘어 하나님의 약속을 잡은 것이다. 현실에서는 뭐가 뭔지 잘 모르겠고, 나와 잘 안 맞는 것 같고, 내 계획이 틀어지는 것 같아도, 하나님이 말씀하시면 그 말씀을 신뢰하고 하나님의 약속을 붙잡는 것이다. 현실을 뛰어넘는 하나님의 임재, 하나님의 방법을 붙잡고 말씀에 반응하는 것이다. 현실을 넘는 하나님의 약속을 붙잡는 것, 그것이 믿음이다.

현실을 넘는 하나님의 약속을 잡아라.
내 생각, 내 계획과 다르다 할지라도
하나님이 말씀하실 때
행함으로 순종하는 것이 믿음이다.
의지적인 결단이 없으면 신앙생활 못한다.

고통과 아픔이 불현듯 찾아올 때, 아무리 생각해봐도 이해할 수 없는 황당한 일이 벌어졌을 때, '왜 나에게 이런 고통이 왔을까?' 억울하고 참담할 때, 그 현실을 뛰어넘는 하나님의 약속이 분명히 있다는 것을 믿으면 이겨낼 수 있다. 물론 쉽지 않다. 그러나 믿음이 이긴다. 그 절망스러운 시간을 믿음이 이긴다.

하나님이 나와 함께하신다는 믿음.
나를 통해 일하시고
분명히 무엇인가를 진행하신다는 믿음.
이해할 수 없지만 하나님을 향한 신뢰.
이 믿음이 있으면 이긴다.

하나님이 하시는 일을 다 이해하는 인간은 없다. 여전히 가슴이 너무 아프고, 그 일을 어떻게 감당해야 할지 몰라서 눈앞이 캄캄하지만, 그럼에도 하나님께서는 그분을 향한 믿음을 주셔서 승리하게 하신다. 그 승리를 나는 수없이 체험했다.

믿음의 도전이 되는 삶을 살아보자

의지적인 결단으로 믿음 생활을 할 때, 가장 중요하고 큰 도움이 되는 것이 공동체다. 내가 흔들릴 때, 공동체가 그 흔들림을 붙잡아줄 수 있다. 공동체 안에서 믿음의 모범을 보이는 누군가를 보며 도전을 받기도 하고, 흔들리는 다른 형제자매를 붙잡아주며 나의 믿음도 함께 굳게 세워지기도 한다. 이런 일이 활발하게 일어나는 그 공동체는 근사한 교회가 된다.

말씀으로 살아가는 모습으로 누군가에게 도전이 되는 삶을 한번 살아보면 어떨까? 말씀으로 산다는 게 참

힘들지만, 내가 말씀으로 살아서 누군가에게 도움이 되고 도전이 된다면, 정말 멋진 믿음의 여정이 될 것 같지 않은가?

살다 보면 앞이 캄캄하고, 어렵고, 힘든 일을 당할 때가 분명히 있다. 육신의 모든 체력이 다 고갈되고 멘탈도 흔들린다. 이러려니 죽는 게 낫겠다 싶을 때가 있다.

그럴 때에도 현실을 뛰어넘는 하나님의 약속을 바라보고 믿음으로 승부를 걸어 믿음이 이긴다는 것을 보여주는 삶을 한번 살아보자. 그 삶의 모습으로 누군가에게 도전이 되길 바란다. 하나님이 당신을 붙들고 계신다. 그 믿음을 꼭 붙잡자. 믿음이 이긴다!

The Victory of Faith

Chapter 3
흔들리지 않는 믿음

 야고보서 1:2,3

² 나의 형제자매 여러분, 여러 가지 시험에 빠질 때에, 그것을 더할 나위 없는 기쁨으로 생각하십시오. ³ 여러분은 믿음의 시련이 인내를 낳는다는 것을 알고 있습니다.

믿음은 하나님의 성품을 일상에서 경험하는 것이다. 믿음의 시작은 하나님의 말씀으로 사는 것이다. 그런데 그 믿음이 자주 흔들린다. 우리의 삶엔 우리 생각보다 더 예상 밖의 일이 많이 벌어지기 때문이다.

목회도 그렇다. 후배들이 힘들다고 찾아오면, 일단 누가 그렇게 힘들게 하느냐고 함께 욕을 해준다. 그러고 나선 꼭 이런 이야기를 붙인다.

"그 사람이 이번에는 속 썩이지만, 언젠가 또 도움을 줄 때가 온다. 그러니까 너무 미워하지 마라."

내 경험만 봐도, 일방적인 경우는 없다. 돌아가면서 도와주고 돌아가면서 속을 썩인다. 그러니까 '저 사람은 도대체 왜 저러는 거야' 하며 미워만 하면 못 산다.

흔들림 속에서 진가가 드러난다

"흔들리지 않고 피어나는 꽃은 없다"라는 말이 있다. 믿음도 그런 것 같다. 믿음도 흔들림 속에서 성장한다.

살다 보면, 예기치 못한 병, 경제적 어려움, 관계의 깨어짐 등 이해할 수 없는 고난이 많다. 때로는 '하나님이 정말 나를 사랑하시나?'라는 생각이 스칠 때도 있다. 또 어떨 때는 '왜 나의 믿음은 이것밖에 안 될까?' 하는 자괴감에 빠질 때도 있다.

시험과 시련이 찾아온다. 믿음이 흔들린다.
'내가 뭘 그리 잘못했나?' 싶다가도
'내 믿음이 이것밖에 안 되나?' 싶다.
'특별히 잘한 것도 없지만
그렇다고 특별히 잘못한 것도 없는 것 같은데.
죄인이지만 아주 나쁜 죄인은 아닌데,
적어도 저 인간보다는 내가 낫지 않나?
그런데 왜 나에게 이런 일이 일어난 거지?'

이런 생각의 꼬리는 깊은 슬픔과 좌절의 구덩이로 인도한다.

시험과 시련은 피할 수 없다. 시험과 시련이 찾아왔을 때 믿음으로 '탁' 쳐버릴 수 있으면, 시험과 시련이라고 말하지도 않을 것이다. 믿음으로 해결이 안 되는 것들이 너무 많다. 오히려 때로는 믿음을 가져서 더 고통이 오는 것 같다.

그러나 믿음의 진가는 흔들림 속에서 나타난다. 분명 흔들림의 상황인데, 그 상황 속에서 보이는 반응이 진짜다. 신앙은 단순한 '긍정적인 마음가짐'이 아니다. 고난을 통해 이루실 하나님을 향한 '믿음'이다!

흔들림 속에서 단련되는 믿음

하나님이 우리의 인생에 바라시는 것은 우리가 모든 상황에서 하나님을 신뢰하는 것이다. 내가 흔들려도 하나님은 안 흔들리신다. 내가 어렵다고 해서 하나님이 연약하신 것이 아니다.

하나님은 약속을 성취하는 분이시다. 모든 시간과 상황을 뛰어넘는 분이시기에, 우리와 동일한 시선으로 그 사건과 사고를 바라보고 계시지 않는다.

어려울수록 믿음은 단련된다. 단련되는 과정은 수많은 흔들림의 연속이다. 흔들림이 흔들림으로 끝나지 않는다. 그 흔들림은 단련으로 이어진다.

금 제련사는 순도가 높은 금을 만들기 위해 불에 넣어 녹이며 불순물들을 제거한다. 이 과정을 몇 번이나 반복한다. 어느 금 제련사는 이런 말을 했다고 한다.

"금 표면에 내 얼굴이 비칠 때까지 멈추지 않는다."

하나님도 그러신다. 우리의 믿음이 진짜인지, 더 순결하게 단련되고 있는지를 살피시며 우리의 믿음을 통해 하나님의 형상이 드러날 수 있도록 훈련하신다.

야고보는 이 과정을 '믿음의 시련'이라고 말한다. 무너뜨리기 위한 시련이 아니다. 단련하기 위한 불이다.

흔들림의 어둠 속에서 허우적대지 말고 그 순간조차도 하나님이 나를 다루고 계시단 사실을 믿자. 어두운 터널의 시간, 그때도 하나님이 나를 붙잡고 계신다.

하나님이 나를 훈련하심이 가장 큰 복음이다. 주님이 나를 위해 이 땅에 오셨다. 우리가 그 사실을 믿는다면, 흔들림 속에서도 하나님이 나를 놓지 않고 계심을 믿을 수 있다.

흔들리지 않을 수는 없다.
그러나 그 흔들림 속에서도
주께서 날 붙잡고 계신다!

흔들릴수록 말씀에 집중하자

주님의 말씀은 내 발의 등불이요, 내 길의 빛입니다. 주님의 의로운 규례들을 지키려고, 나는 맹세하고 또 다짐합니다. 시 119:105,106

"주님의 말씀은 내 발의 등불"이다. 지금 흔들리고 있는가? 의심으로 가득 차 있고, 하나님이 안 계신 것 같은가? 우리 믿음이 굳건한 것 같아도, 우리는 매우 약하다. 그런데 하나님이 우리를 붙잡고 계신다. 내가 손을 놓아도 하나님이 나의 손목을 꽉 붙잡고 놓지 않으신다. 내 손이 뭘 하든 상관없이.

나는 방향 감각이 굉장히 좋은 편이다. 한 번 갔던 길은 거의 다 기억한다. 그래서 내비게이션의 안내를 따르지 않고 내 감을 따라갈 때도 많다. 외국에 가서도 길을 금방 익혀서 현지 선교사님을 오히려 내가 안내하며 다닌 적도 있다.

그러나 유럽에서 지하철을 탈 때는 그 좋은 방향 감각이 아무 소용이 없다. 다 비슷하게 보여서 눈에 띄는 이정표가 없으면 헷갈린다. 나도 몇 번을 헤맨 적이 있다.

동서남북이 다 비슷해 보이고 헷갈릴 때 내가 의지하는 건 이정표다. 생각이나 경험이 아니다. 이정표를 의심하거나 '이쪽으로 가볼까?' 하며 내 느낌대로 방향을 정하지 않는다. 내가 아무리 길눈이 밝고 방향 감각이 좋아도 내 감을 믿지 않는다.

하나님의 말씀이 그렇게 우리가 붙잡고 의지해야 할 이정표다. 평소에도 말씀을 붙들어야겠지만, 특히 믿음이 흔들리고 약해질 때 의지적으로 말씀을 따라야 한다.

살다가 넘어져도 괜찮다.
그러나 아예 드러눕지는 말자.
자포자기하면 안 된다.
사람의 위로도 바라지 말자.
흔들려도 주님 앞에서 흔들리는 것이 좋다.

연약한 인간이라 흔들림이 찾아온다. 몸살기가 오는 것처럼. 으슬으슬 몸살기가 올 때면 옷도 따뜻하게 입고 따뜻한 차도 마시고 비타민도 보충하면서 얼른 몸살기에서 벗어나기 위해 최선을 다한다.

그런 것처럼 영적인 몸살기, 즉 흔들림이 찾아오면 애써서 말씀을 보며 정신을 차려야 한다. 말씀으로 돌아가야 한다.

사람에게 감정을 쏟고, 섭섭하게 한 사람들 다 기억하면서 힘든 상황만 묵상하지 말자. 흔들려도 된다. 하지만 흔들림으로 끝나야 할 일을 아예 자리에 드러누워서 못 일어나는 상황으로 만들지 말자.

이럴 때 큰 도움이 되는 것이 공동체다. 사람은 누구나 흔들리지만, 공동체가 동시에 다 흔들리는 경우는 없다. 그러니 서로가 서로를 지켜주어야 한다. 내가 굳건한 믿음으로 잘 서 있을 때는 흔들리는 지체를 붙잡아주고, 또 반대로 내가 흔들릴 때는 다른 누군가의 도움을 받을 수 있다.

흔들림 속에서 성장하는 세 가지 성품

흔들림 속에서 우리 안에선 세 가지 성품이 발견되고 성장한다. 첫 번째는 인내이고, 두 번째는 성숙이며, 세 번째는 하늘을 향한 소망이다.

흔들림 속에서 인내가 성장하며, 어려운 일을 당할 때 성숙해진다. 그리고 그 과정에서 하늘을 향한 소망을 품게 될 때, 이 땅의 것이 아무것도 아니란 사실을 알게 된다.

아이를 키울 때, 아이가 어릴 때는 스스로 먹지 못하기 때문에 다 먹여준다. 밥도 먹여주고, 물도 먹여주고. 그러나 처음에나 먹여주지 조금 자라면 "네가 스스로 먹어 보렴"이라고 한다.

아이 스스로 먹게 하면 사실 엄마는 더 힘들다. 다 흘리니까. 그래도 스스로 먹게 한다. 먹여주는 것보다 청소가 더 힘들더라도. 그 과정을 통해 아이가 자라기 때문이다.

이렇듯, 하나님은 우리에게 닥친 어떤 상황도 의미 없는 시간이 되게 놔두지 않으신다. 때로는 우리의 잘못이나 실수로 일어난 상황일지라도, 하나님은 그 속에서 합력하여 선을 이루신다. 그 과정을 통해 우리가 성장할 수 있도록 기다려주시면서 말이다.

그러니 마음이 흔들릴 때는 입을 다물고 말씀을 보자.

가장 먼저 침묵하는 것이 중요하다.

작은 일만 벌어져도 당장 죽을 것처럼 여기저기 하소연하는 것은 옳지 않다. 당황스럽더라도 우선 입을 다물고 하나님의 말씀 앞에 서자. 심지가 깊은 사람으로 살아야 한다.

> 하나님을 사랑하는 사람들, 곧 하나님의 뜻대로 부르심을 받은 사람들에게는, 모든 일이 서로 협력해서 선을 이룬다는 것을 우리는 압니다. 롬 8:28

하나님을 사랑하는 자, 그분을 믿는 자들에게는 모든 것이 합력하여 선을 이룬다. 우리는 하나님의 선이 이루어지는 믿음의 사람이다. 때때로 흔들리고, 헤매고, 뭘 어떻게 해야 할지 모르겠고, 어떻게 살아야 할지 모르겠을 때, 하나님은 합력해서 선을 이루는 분이시다. 그 하나님이 우리의 하나님이시다!

하나님이 우리를 믿으신다

여러분은 사람이 흔히 겪는 시련 밖에 다른 시련을 당한 적이 없습니다. 하나님은 신실하십니다. 여러분이 감당할 수 있는 능력 이상으로 시련을 겪는 것을 하나님은 허락하지 않으십니다. 하나님께서는 시련과 함께 그것을 벗어날 길도 마련해 주셔서, 여러분이 그 시련을 견디어 낼 수 있게 해주십니다. 고전 10:13

인내는 영적 근육과 같다. 근육이 없으면 사람이 살 수 없다. 영적 근육은 인내다. 그 인내를 통해 하나님은 우리를 세우신다.

때로는 이런 말씀이 하나도 위로가 안 될 때가 있다. 나의 한계치를 넘는 것 같은 고통의 시간이 닥칠 때가 있다. 도저히 감당할 수 없다. 너무나 큰 아픔이다.

그럴 때 우리가 기억해야 할 것이 하나 있다. 하나님이 나를 믿고 계시다는 것이다!

하나님이 나를 믿으신다.
하나님이 나를 믿으시고
나에게 이 상황을 허락하셨다.

'하나님, 저를 믿지 마세요. 저는 이렇게 아프고 싶지 않아요!'

아마도 이렇게 울부짖고 싶을 것이다. 고난의 시간을 겪고 싶은 사람은 한 사람도 없다. 믿음이 흔들리고 싶은 사람은 한 사람도 없다. 그럼에도 불구하고 그 고통의 시간이 하나님의 살아 계심과 역사하심을 증거하는 기회인 것은 맞다.

'나를 이렇게까지 믿으시는구나!'

힘들더라도 이것 하나를 붙잡고 기도하자.

"하나님, 제가 이 일을 감당할 수 있도록 저에게 영적 근육을 허락해주세요."

누구에게 해를 끼친 적도 없고 똑바로 살려고 애써왔는데, 왜 이런 흔들림이 계속되는지 알 수 없을 때, 왜 나에게만 흔들림이 계속 되는지 모르겠을 때, 주님을 기억하자.

'나의 손이 너의 인생에 나타날 것이다!'

약속하시는 주님의 말씀을 붙잡자.

인생의 가장 큰 기쁨은 나의 소원이 성취되는 것이 아니라 하나님의 역사가 나타나는 것이다. 흔들림이 올 때 말씀으로 돌아가야 한다. 내가 감정적으로 동의가 안 되더라도 말씀을 붙잡는 것이다. 말씀을 통해서 믿음의 승리를 얻는, 믿음이 이기는 인생을 살아보자.

거센 폭풍이 몰아치는 것 같을 때, 믿음의 닻을 내리고 하나님을 붙잡고 말씀을 보며 기다리자. 하나님이 다시 닻을 올리라고 하실 때까지 버티자.

흔들림 속에 믿음의 닻을 내리고 기다린다.

하나님이 나를 믿고 계신다.

The Victory of Faith

Chapter 4

의심을 이기는 믿음

요한복음 20:24-29

²⁴ 열두 제자 가운데 하나로서 쌍둥이라고 불리는 도마는, 예수께서 오셨을 때에 그들과 함께 있지 않았다. ²⁵ 다른 제자들이 그에게 "우리는 주님을 보았소" 하고 말하였으나, 도마는 그들에게 "나는 내 눈으로 그의 손에 있는 못자국을 보고, 내 손가락을 그 못자국에 넣어 보고, 또 내 손을 그의 옆구리에 넣어 보지 않고서는 믿지 못하겠소!" 하고 말하였다. ²⁶ 여드레 뒤에 제자들이 다시 집 안에 모여 있었는데 도마도 함께 있었다. 문이 잠겨 있었으나, 예수께서 와서 그들 가운데로 들어서셔서 "너희에게 평화가 있기를!" 하고 인사말을 하셨다. ²⁷ 그리고 나서 도마에게 말씀하셨다. "네 손가락을 이리 내밀어서 내 손을 만져 보고, 네 손을 내 옆구리에 넣어 보아라. 그래서 의심을 떨쳐버리고 믿음을 가져라." ²⁸ 도마가 예수께 대답하기를 "나의 주님, 나의 하나님!" 하니, ²⁹ 예수께서 도마에게 말씀하셨다. "너는 나를 보았기 때문에 믿느냐? 나를 보지 않고도 믿는 사람은 복이 있다."

믿음의 길을 걷다 보면 누구나 의심이라는 그림자를 만난다. 믿음이 있다면 의심은 없어야 제대로 믿는 것 아닌가? 문득문득 의심의 그림자가 드리울 때면, 나만 의심하는 것 같고 나만 성장하지 않는 것 같아서 초조하다.

그러나 성경 속 인물들도 의심을 경험했다. 그리고 그 의심 속에서 더 깊은 믿음의 자리로 나아갔다.

의심의 그림자를 만날 때

앞에서 우리는 믿음이 흔들릴 때 하나님의 말씀을 붙잡고 나아가야 한다는 것과, 그럴 때 주께서 인내와 성숙과 하늘의 소망을 주실 것이란 사실을 배웠다. 그러나 머리로는 알면서도 인간적인 마음이 들 때가 있다. 그럴 때면 의심이 꿈틀거린다.

'진짜 이 길밖에 없는 걸까?'

'하나님은 정말 계신가?'

'다른 사람들도 다 열심히 노력하고 성실히 사는데 왜 기독교에만, 예수님께만 구원이 있다고 하는 걸까?'

'성경 말씀이 다 진짜일까? 애쓰고 마음 드리며 신앙생활 했는데, 혹시 진짜가 아니면 어떡하지?'

그러나 의심이 생기는 것이 안 좋은 일만은 아니다. 의심을 통해 하나님을 향한 태도와 생각을 정리하면, 오히려 신앙생활에 도움이 될 수 있다.

팀 켈러 목사님은 "의심은 진짜 믿음을 위한 준비 과정이다. 무비판적인 믿음은 쉽게 무너진다"라고 말했다. C. S. 루이스는 "나는 의심했기에 더 깊이 믿게 되었다. 믿음은 의심을 지나 확신에 이르는 긴 여정이다"라고 말했다.

의심 없이 믿음에 도달할 수 없다. 의심 많은 도마를 책망하지 않으시고 손과 옆구리를 보여주신 주님의 은혜를 기억해보자.

그러니 의심이 올 때, 그것이 맞는 것인지 틀린 것인지 알아보고 공부하고 기도하면서 우리의 신앙생활을 체크하는 것이 굉장히 중요하다.

건강검진을 한국처럼 많이 하는 나라는 없을 것이다. 쉽게 할 수 있고, 시스템도 세계 최고다. 건강검진 후에 좋지 않은 진단을 받으면 마음은 별로 좋지 않겠지만, 건강을 개선하기 위해 의사의 처방을 따르게 된다. 운동을 하든지 약을 먹든지. 결국 더 좋아지는 결과로 이어진다.

믿음도 비슷한 부분이 있다. 갑자기 어떤 부분에 의심이 생기고 질문이 생긴다. '이게 맞나?' 긴가민가할 때가 있다. 믿음의 여정에서 의심의 소리가 튀어나온다. 특별히 삶이 뜻대로 되지 않을 때, 기도가 응답되지 않을 때, 고통이 길어질 때는 정말 하나님이 계신 게 맞나 싶다.

의심이 생기고 질문이 생기면 혼자 고민하지 말고 물

으라. 말씀의 현장엔 초자연적인 역사가 있다. 초자연적인 역사에 대해선 이해를 하려고 하면 안 되고 믿음으로 나아가야 한다. 하나님께 그 믿음을 달라고 기도해야 한다. 그리고 그런 부분까지 모두 나누며 질문하는 시간이 중요하다.

아무리 복음을 전해도 곧 죽어도 못 믿겠다는 사람이 있는가 하면, 의외로 쉽게 믿어져서 비교적 순탄하게 믿음 생활을 시작한 사람들도 많다. 그렇게 믿음이 잘 자라면서 지금까지 왔는데 갑자기 의심이 든다고 실망할 필요 없다. 오히려 쉽게 믿어져서 주님을 믿게 되고 지금까지 신앙생활을 이어온 것이 얼마나 큰 복인지 깨닫는 것이 중요하다.

의심 속에서도 주님을 향해 걸으라

밀려오는 의심에 놀라 하나님을 벗어나 도망가지 말

고, 하나님의 말씀과 예배 안에 있으면서 지금 무엇이 의심되고 어떤 공부가 필요한지 찾으라.

존 오트버그는 "믿음은 바람을 타고 걷는 것이고 의심은 그 바람을 다시 확인하려는 마음이다. 베드로가 물 위를 걸을 수 있었던 이유는 그가 예수님을 향해 걸었기 때문이다"라고 말했다.

의심이 일지라도 말씀을 붙잡고 예수님을 바라보는 것이 가장 중요하다.

의심으로 멈추지 말라.
오히려 예수님께 더 가까이 갈 이유가 되게 하라.

성경 공부를 시작하자. 교회에서 하는 여러 훈련과 공부 과정에 등록하자. '운동해야지'라고 생각만 한다고 몸이 저절로 좋아지지 않는다. 실제로 몸을 움직여 운동을 해야 좋아진다.

의심이 든다고 가만히 멈추어서 의심이 이끄는 대로 이리저리 흔들리면 해결이 안 난다. 말씀을 공부하고 훈련도 받으면서 의심을 해결할 수 있도록 최선을 다해야 한다.

그리고 질문을 가지고만 있지 말고 기도로 바꾸어보자. 하나님께 묻자. 의심이 있던 자리에 확신의 기쁨이 차오르도록. 믿음은 의심을 안고 자라난다.

"내가 믿습니다. 믿음 없는 나를 도와주십시오." 막 9:24

하나님의 사람은 교만하거나 자기중심적이어선 안 된다. 그러려면 배우고 훈련해야 한다. 성경을 잘 안다고 생각하는 사람이 사실 제일 문제다. 성경 공부도 제대로 안 하면서 계속 의심만 하면 문제가 생긴다. 이런 태도로는 의심을 해결할 수 없다.

특히 바쁜 직장생활이나 학업 중에도 공동체에서 함께 말씀을 공부하고 훈련을 하다 보면, 함께 공부한 지체들과 평생지기가 된다. 믿음의 여정을 이어가는 데 든든한 동반자가 된다.

의심은 절망이 아니다

그런데 의심을 절망으로 받아들이는 성도가 있다. 그럴 필요 없다. 오히려 의심이 찾아올 때 이런 사인으로 받아들이면 된다.

'이 부분에 대해서 공부해야 하는구나. 훈련해야 하는구나.'

의심이 찾아올 때, 이것을 나의 믿음의 문제로 받아들이기보다 하나님이 나에게 주시는 커뮤니케이션의 기회라고 생각하자. 하나님이 나와 소통하기 원하고 계신 것이다. 하나님이 나에게 '나와 대화하자'라고 말씀하고 계신 것이다.

사탄은 의심을 통해
믿음을 통째로 흔들지만
주님은 깊은 교제의 기회로
만들어가신다.

의심을 절망으로 받아들이지 말고, 하나님을 더 알아가고 말씀을 더 깊이 배우고 신앙을 훈련할 수 있는 기회로 받아들여라. '나는 왜 이럴까? 내 믿음은 왜 아직도 이럴까?'라고 자책하며 절망의 늪으로 가지 마라.

의심이 긍정적인 열매를 맺도록 하라

부활하신 예수님을 보지 못했던 도마는 "우리는 주님을 보았소"라고 하는 다른 제자들을 향해 "나는 내 눈으로 그의 손에 있는 못자국을 보고, 내 손가락을 그 못자국에 넣어 보고, 또 내 손을 그의 옆구리에 넣어 보지 않고서는 믿지 못하겠소!"라고 했다.

사실 도마가 못 할 말을 한 건 아니다. 그는 예수님이 돌아가시고 실컷 울었다. 슬픔 한가운데를 지나 이제 조금씩 마음을 붙잡고 있는데, '이제 정신 차려야지, 내 인생을 살아야지'라고 추스르고 있었는데, 또다시 마음에 돌덩이를 던지다니…! 예수님이 다시 살아나셨다니 도저히 믿을 수 없다. 마음이 다시 엉겨 붙었다.

도마는 연약한 사람이긴 했으나 문제가 있는 사람은 아니었다. 의심은 연약함의 상징이지, 문제의 상징이 아니다. 성도로서 잘못 살았다는 증거가 되는 것도 아니다. 의심할 수 있다.

그러나 의심이 찾아올 때, 그 의심을 향한 올바른 반응이 반드시 필요하다.

의심이 불신으로 이어지지 않고 긍정적인 열매가 맺히도록 의심 어린 질문을 기도로 바꾸고 답을 찾아가는 여정을 시작하자.

의심에 대해 우리가 긍정적으로 반응하면 긍정적인 열매가 맺힐 것이고, 부정적으로 반응하면 믿음이 흔들린다. 튼튼하게 보였던 믿음이 순식간에 온다간다 말도 없이 사라진다. 그러니 부정적으로 생각하며 믿음을 송두리째 흔들지 말라. '나는 안 돼'라고 하며 절망의 자리로 빠져들지 말라.

주님이 보여주신 사랑

주님이 도마에게 말씀하셨다.

그리고 나서 도마에게 말씀하셨다. "네 손가락을 이리 내밀어서 내 손을 만져 보고, 네 손을 내 옆구리에 넣어 보아라. 그래서 의심을 떨쳐버리고 믿음을 가져라." 요 20:27

예수님은 호통치지 않으신다. 의심을 떨쳐버릴 수 있도록 답을 제시하신다.

도마에게 손을 내미시며 손을 만져보고 옆구리에 손을 넣어보라고 하신 것은, 도마의 의심에 짜증이 났기 때문에 하신 말씀이 아니다. 예수님은 도마를 사랑하셔서 말씀하신 것이다. 도마의 의심을 예수님은 이해하셨다.

예수님은 우리의 의심을 이해해주시며 다시 붙잡아주신다. 얼마나 크신 하나님이신데, 전지전능하신 그분을 우리가 다 알 수 있을까?

"네 손가락을 이리 내밀어서 내 손을 만져 보고, 네 손을 내 옆구리에 넣어 보아라"(요 20:27).

주님은 친히 체험케 하여 믿음을 다시금 견고하게 하신다. 의심이 의심으로 끝나는 것이 아니라 하나님을 체험하는 시간으로 이어지면 오히려 큰 축복이 된다. 의심을 통해 더 큰 승리를 경험할 수 있다.

그러니 의심에 대해 너무 절망하지 않아도 된다. 잘 모르겠어도 괜찮다. 그것이 기회다. 오히려 그런 마음이 들 때 하나님을 체험할 수 있는 기회로 여기며 감사하자.

의심과 질문이 있을 때, 그것을 긍정적으로 생각하고 답을 찾아가는 여정을 시작하여 하나님을 더 많이 알게 되길 바란다.

의심이 기회가 된다

도마가 답한다.
"나의 주님, 나의 하나님!"

주님을 만나면 하나님이 '나의 하나님'으로 고백된다. '나의 하나님'이 존재해야 한다.

성경 속 믿음의 사람들을 보면 대체로 이스라엘 백성이 알았던 '이스라엘의 하나님'에서 하나님을 만난 후에 '나의 하나님'이라는 고백으로 바뀐다. '나의 하나님'이 더 커지고 확실해지는 과정이 바로 의심이 생기고 질문도 생기는 그 시간이다.

'이것이 과연 사실일까? 맞는 것일까?' 고민하고 의심하는 과정이 결코 부정적인 것만이 아닌 이유다.

그 과정을 절망스럽게 받아들이지 말고 긍정적으로 받아들여서 더욱 말씀에 집중하자. 열심히 공부하고 열심히 답을 찾아가길 바란다. 조금 더 성숙해지고 주님께 조금 더 가까이 나아가는 기회가 되길 기도한다.

도마가 의심을 말할 수 있고, 그 의심을 받아주시는 주님이 계심이 얼마나 감사한가! 도무지 믿어지지 않는데 동료들이 그렇다고 하니 '그래, 예수님이 부활하셨나 봐'라고 되뇌는 것보다 훨씬 좋다. 말로는 믿는다고 하면서 사실은 믿어지지 않아 속으로만 '예수님이 어떻게 부활해?'라고 생각했으면 도마는 예수님을 '나의 주님'으로 만날 기회를 놓쳤을 것이다.

제일 감사한 것은 의심하는 도마를 주께서 섭섭해하지 않으시고 안아주신 것이다. "나의 주님, 나의 하나님"으로 고백하는 도마를 주님은 축복하신다.

보지 않고 믿는 복

의심과 질문 끝에 예수님을 체험하고 "나의 하나님"이라 고백했던 도마도 축복을 받은 것이지만, 더 축복받을 방법이 있다.

"너는 나를 보았기 때문에 믿느냐? 나를 보지 않고도 믿는 사람은 복이 있다." 요 20:29

예수님은 보지 않고 믿는 사람, 손가락 안 넣어봤는데도 믿어지는 사람은 복이 있다고 하셨다. 그 복이 우리에게 있기를 바란다.

진짜 하나님은 사랑이시고, 좋으신 분이다! 사실 믿어지는 것도 어떻게 할 수 없고 안 믿어지는 것도 어떻게 할 수 없다. 우리의 의지로 해결할 수 있는 문제가 아니다. 우리가 무슨 선행을 해서 믿을 수 있는 것이 아니다. 믿어지는 것은 하나님의 선물이다.

하나님이 당신에게 믿음을 선물로 주시길 기도한다! 믿어지는 복이 있기를 기도한다! 의심에서 시작했지만 말씀으로 믿음이 생기고 성장하기를 바란다.

언제까지 의심에 머물러 있을 수는 없다.

내가 죄인임을 알 때 믿음이 생긴다

믿음은 나 같은 죄인을 주께서 살리셨다는 확신이 있을 때 생긴다. 중간중간 넘어지기도 하고 의심의 늪에 빠져 자기 자신이 한심하게 느껴지기도 하지만, 그 확신으로 돌아오면 된다. 내가 죄인이라는 것을 알게 하시고 하나님의 말씀을 듣게 하시는 은혜를 누리자.

믿음은 나의 노력만으로 되지 않음을 실감한다. 하나님이 우리를 소중하게 여기셔서 믿음을 선물로 주셨다.

이제 믿음을 더 강하고 크게, 더 깊게 만들어가자. 주님이 내가 죽을 자리에서 대신 죽어주셨다. 그 자리는 내 자리다. 주님이 그 자리에서 죽어주심으로 나를 살리셨다. 하나님이 주신 선물이다. 주님을 선포하고 외치자.

의심은 끝이 아니고 시작이다.
절망적이지 않다.
예수님께 질문하듯이 기도하고
공동체를 통해 나누고 공부하자.
의심이 들어도 괜찮다.
질문이 생겨도 괜찮다.
솔직하게 믿음 생활하자.
주님이 그 의심을 기회로 사용하신다.

우리의 목표는 나의 믿음이 커지는 것이다. 내가 가진

문제보다 '나의 하나님'이 더 커지는 것이다. '나의 하나님'이 커지는 역사의 원동력은 의심과 질문이다.

의심이 체험으로 이어질 때, 질문이 하나님이 주시는 해답을 만날 때 '나의 하나님'이 커지고 믿음이 커진다. 그러니 의심에 대해 자책하지 말고 그것을 기회로 삼자!

§

"의심이 의심으로 끝나는 것이 아니라 하나님을 체험하는
시간으로 이어지면 오히려 큰 축복이 된다.
의심을 통해 더 큰 승리를 경험할 수 있다."

The Victory of Faith

Chapter 5

믿음의 능력

마태복음 17:20

²⁰ 예수께서 그들에게 대답하셨다. "너희의 믿음이 적기 때문이다. 내가 진정으로 너희에게 말한다. 너희에게 겨자씨 한 알만 한 믿음이라도 있으면, 이 산더러 '여기에서 저기로 옮겨가라!' 하면 그대로 될 것이요, 너희가 못할 일이 없을 것이다."

믿음이 없이는 하나님을 기쁘게 해드릴 수 없다(히 11:6 참조). 그러나 믿음은 하나님을 기쁘시게 하는 통로이기만 한 것이 아니다. 믿음은 능력이다.

믿음은 일상에서 하나님의 능력을 경험하는 것이다. 실제 삶 속에서 믿음이 어떤 능력을 발휘하는지 체험해야 한다. 성경은 도덕적 권면이 아니다. 믿음을 통해 하나님의 능력이 역사하는 실제적인 삶이다.

믿음, 하나님 능력의 통로

A. W. 토저는 "믿음은 단지 마음속 확신이 아니라 하나님의 능력을 현재로 가져오는 통로"라고 말했다. 믿음

은 하나님을 세상 가운데 드러내는 것이며, 믿음을 통해서 하나님의 능력이 현재에 나타난다.

예수님은 나사로를 무덤에서 불러내시기 전에 마르다에게 이렇게 말씀하셨다.

> "네가 믿으면 하나님의 영광을 보게 되리라고, 내가 네게 말하지 않았느냐?" 요 11:40

믿음은 긍정적인 생각이 아니다. 하나님의 말씀을 체험하고 현실을 새롭게 보는 시선이다. 그리고 그 믿음을 통해 하나님의 능력이 현실로 이어진다.

존 파이퍼 목사님은 "믿음은 하나님의 약속을 현실보다 더 신뢰하는 것이다. 하나님이 말씀하셨기에 그것이 곧 현실이 된다"라고 말했다.

믿음은 하나님의 능력을 일상에서 경험하는 것이다. 그리고 하나님을 경험할 때마다 하나님은 우리에게 믿음의 능력을 경험하게 하신다.

하나님이 우리에게 원하시는 것이 무엇인지 기도할 때,

때로는 하나님이 원하시는 것과 내가 원하는 것이 다를 수 있다. 그럴 때 하나님이 주시는 것을 받아들이는 것이 믿음이다. 믿음의 능력은 내가 원하는 것과 다를지라도 하나님이 주신 것을 믿음으로 받게 한다. 믿음을 가지고 하나님 앞에 나아갈 때 하나님께서는 우리에게 그분의 뜻과 경륜을 보여주신다.

작은 믿음이라도 괜찮다

믿음에서 가장 중요한 것은 믿음의 크기가 아니다. 작은 겨자씨만 한 믿음만 있어도 산을 옮긴다. 믿음의 가장 중요한 부분은 믿음의 크기가 아니라 믿음의 대상이다. 내가 누구를 믿느냐에 따라 그 믿음의 대상의 능력을 혜택으로 받는다.

우리가 돈을 믿으면 돈의 능력을 행사하며 산다. 하나님을 믿으면 하나님의 능력을 가지고 살아가게 된다. 작은 믿음이라 할지라도 그 믿음이 하나님을 향해 있으면, 하나님의 능력을 경험한다.

누구를 믿고
무엇을 믿고 사느냐에 따라
인생길이 정해진다.

"사람에게는 불가능하나, 하나님께는 그렇지 않다. 하나님께는 모든 일이 가능하다." 막 10:27

작은 믿음이라 할지라도 그 믿음이 하나님을 향해 있을 때 우리는 하나님의 능력을 경험한다. 이것이 믿음의 능력이다.

하지만, 큰 믿음의 유익

그런데 하나님의 능력으로 살아간다면서 계속 겨자씨만 한 작은 믿음으로 살아갈 수 있을까?

'믿음의 크기는 작아도 돼. 믿음의 대상만 하나님이면 돼.'

물론이다. 믿음의 대상이 크기보다 중요하다. 그러나 믿음이 하나님을 향해 있으면 하나님의 능력을 경험하게 되고, 하나님의 능력을 경험할수록 우리의 믿음은 커지게 마련이다.

그래서 성경에서도 믿음을 더 크고 굳건하고 강하게 키워야 한다고 말씀한다. 그러면 큰 믿음의 유익은 무엇일까?

같은 비행기, 서로 다른 시간

미국에서 대학 시절에 청소년 사역을 전공하면서 계속 사역을 했다. 첫 사역지는 아버지가 목회하시던 교회였다. 보스턴에서 학교를 다녔는데, 교회가 있는 필라델피아까지는 차로 7시간 가까이 걸렸기 때문에 주로 비행기로 다녔다. 당시 한 항공사에 대학생 특가표가 있었기 때문에 가능했다. 특가표 판매가 끝나서 항공료 걱정을 할 무렵엔 저가 항공사가 생겨서 부담 없이 계속 비행기를 탈 수 있었다. 신기하고 감사했던 경험이다.

아무튼, 그때가 13세 때 미국에 이민 가면서 비행기를 타본 이후로 처음 비행기를 타는 것이었다. 양쪽에 세 명씩 앉을 수 있는 국내선 비행기였다. 창가에는 할머니가 앉아 계셨고, 복도 쪽에는 양복 입은 남자 분이 앉아 계셨다.

할머니는 엄청 긴장하고 계셨다. 여쭤보니 비행기를 너무 무서워해서 평생 안 탔는데, 갑자기 딸에게 가야 하는 긴급 상황이라 어쩔 수 없이 타게 됐다고 말씀하시며 의자 손잡이를 꽉 잡고 계셨다. 복도 쪽에 앉은 남자 분은 매주 출장을 다니시는지 아주 여유만만해 보였다. 우리 셋은 같은 비행기를 탔지만 비행기를 향한 믿음은 다 달랐다.

할머니는 51퍼센트 확률로 살아남을 것이라고 믿는 사람처럼 어쩔 수 없이 겨우 비행기를 타시고는 다시는 타지 않으실 모습이었다. 양복 입으신 분은 99퍼센트의 생존을 믿는 듯 상당히 여유 있는 모습이었다. 나는 딱 그 중간이었다. 그리 걱정도 되지 않았으나, 내 인생 두 번째 타는 비행기였던지라 신뢰도 그다지 없었다.

믿음의 크기에 따라 비행기에서 보내는 시간의 질은 사뭇 달랐다.

여유만만.
이도 저도 아닌.
두려움.

여유만만한 남자분은 주는 음료도 잘 먹고 땅콩도 잘 먹으며 즐기는 시간이었다. 두려움 가득한 할머니는 덜덜 떠시며 비행기가 조금만 흔들려도 난리가 나는 시간이었다. 나는 이도 저도 아닌, 그냥 이동하는 시간이었다.

믿음의 크기보다 대상이 중요한 것은 확실하다. 왜냐하면 이런 믿음의 차이에도 불구하고 1시간 15분 후에는 모두 목적지에 무사히 도착했다. 여유만만한 믿음을 가진 사람만 목적지에 무사히 도착한 것이 아니라 두려움에 덜덜 떨던 사람도 같은 시간에 같은 목적지에 무사히 도착했다. 그러나 그 비행기에서 보낸 시간의 질은 하늘과 땅 차이였다.

믿으려면 제대로 믿으라

하나님에게서 태어난 사람은 다 세상을 이기기 때문입니다. 세상을 이긴 승리는 이것이니, 곧 우리의 믿음입니다.
요일 5:4

토니 에반스는 "믿음은 하나님의 통치를 내 삶에 끌어오는 열쇠다. 믿음이 있는 자는 상황에 통제받는 대신 하나님의 질서를 이 땅에 가져온다"라고 말했다.

믿음은 생존이 아니라 승리의 방식이다. 세상에 휘둘리지 마라. 믿음을 크게, 더 굳건하게, 더 강하게 해야 한다. 믿음이 굳건할수록 인생길에 흔들림이 적다. 흔들림이 와도 요동이 적다. 이왕 믿으려면 제대로 믿자.

믿음이 작아도 하나님의 능력의 혜택을 받는 것은 맞다. 하지만 믿음이 작으면 불안감이 높아진다. 그렇게 살고 싶진 않다. 믿음이 작으면 하나님의 역사 가운데서도 삶의 질이 떨어질 수밖에 없다.

삶의 질을 높이자. 그러려면 믿음의 굳건함을 깊이 뿌리 내려야 한다.

믿음은 하나님의 말씀으로 시작되고, 하나님의 말씀을 통해서 성장한다. 말씀으로 승부를 걸고, 시험이 왔을 때 말씀으로 해결해야 한다. 상황으로, 감정으로 살면 믿음은 흔들린다.

우리는 말씀에 순종해야 한다. 말씀에 순종하는 것은 우리의 시선을 하나님 앞에 고정할 때만 가능하다. 내 시선을 하나님 앞에 고정하자. 내가 하나님을 바라보고 있어야 믿음 생활하는 것이다.

본질만 생각하자.
말씀에 순종하자.
순종은 시선을 하나님께 고정하는 것.

감정에 휘둘리지 말고
쓸데없는 것 걱정하지 말고
하나님께만 시선 고정!

말씀을 읽지 않고 말씀을 붙잡지 않으면 믿음의 능력이 나타나기 어렵다. 시선을 하나님 앞에 고정한 믿음의 사람의 기도는 말씀을 통한 기도밖에 없다.

믿음의 능력을 막는 걸림돌

사람은 자기중심적이다. 믿음 생활을 하면서도 자기중심적인 생각에 빠져 있다. 자기중심적인 생각 속에서 좀처럼 벗어나질 못한다. 그러나 믿음은 하나님을 향해야 한다. 그리고 하나님과의 관계 속에서 믿음의 변화와 성장이 인격으로 나타나야 한다.

자기 생각 속에 갇혀 지내지 마라. 이것이 믿음의 능력을 발휘하지 못하게 하는 걸림돌이다. 교만은 죽음이다.

나는 좀 달라.
나는 그렇게 안 해.
나는 순종 잘하지.

이런 생각들은 영적으로 큰 병폐다. 노력하자. 기도하자. 내 교만의 문제를 놓고 기도하자. 교만의 문제는 실로 심각하다.

사실 우리가 다 말쑥하게 차려입고 앉아 있으니 다들 멀쩡해 보이지, 우리 속마음이 그대로 보인다면 어떨까? 우리가 무슨 생각을 하는지, 우리가 어떤 교만한 생각을 하는지 다 보인다면 지금처럼 행동할 수 있을까? 내가 누굴 미워하고 싫어하는지 투명하게 다 보인다면 남아날 관계가 있을까? 교만 점수, 겸손 점수가 매겨진다면 아마도 당당하게 얼굴 드러내놓고 만날 수 있는 사람이 없을 것이다.

교회도 마찬가지다. 완벽한 교회는 없다. 완벽한 성도는 없다. 그러니 부족함이 보이면 서로 탓할 게 아니라 기도로 채워야 한다. '어떻게 하면 섬길 수 있을까?' 하는 사랑의 마음이 소중하다.

가정에 약한 부분이 있으면 부모가 책임진다. 자녀들을 앉혀놓고 '너희들 때문에 우리 가정이 엉망이구나'라고 책임 전가 안 한다. 어떻게 해서든 부모가 해결하고 부족함을 채워주기 위해 애쓴다. 사랑하기 때문이다. 가정을 소중히 여기는 마음, 자녀를 아끼는 사랑이 기꺼이 책임을 감당하게 하는 것이다.

사랑이 부족하면 모든 것이 다 부족해 보인다. 그러나 사랑이 가득 차면 모든 것이 다 아름답게 보인다.

자기중심적인 생각, 교만한 생각을 내려놓고 사랑으로 채우자. 하나님께 기도하자. 믿음의 능력을 막는 걸림돌을 치우자.

믿음은 자라야 한다

믿음은 자라야 한다. 성장해야 한다. 자녀가 자라는 것이 부모에게 기쁨이 되는 것처럼 하나님도 우리의 믿음이 성장하기를 원하신다.

믿음은 하나님의 말씀을 통하여 일상에서 하나님을 경험하는 것으로 시작된다. 그렇게 시작된 믿음은, 매일매일 하나님을 경험하고 하나님 안에서 살아갈 때 성장하며 성숙해진다.

겨자씨만 한 믿음에서 시작하여, 그 겨자씨가 심겨져 싹이 나고 열매를 맺는 나무로 자라나는 것이다. 처음에 겨자씨만 한 믿음은 괜찮다. 그러나 10년 뒤에도 여전히 겨자씨만 하면 안 된다. 성장에 집중하고, 믿음의 능력을 더 경험하자.

겨자씨만 한 믿음으로도 산을 옮긴다. 그러나 더 큰 믿음은 그 기적의 과정을 담대하게 지나가게 한다. 흔들리지 않는다. 조마조마하며 숙덕숙덕하지 않는다.

우리, 작은 일에 절망하지 말자. 절망하지 않는 큰 믿음을 구하자.

작은 믿음의 실행

기도하지 않고는 아무것도 이루어지지 않는다. 사람이 사람을 만난다고 믿음의 문제가 해결되지 않는다. 기도하자. 하나님께 맡기고 기도하자.

우리가 하나님 외에 누굴 믿을 수 있으며, 누굴 의지할 수 있을까? 하나님 외에 우리가 의지할 수 있는 대상은 없다.

우리가 하나님을 믿을 때 일어나는 놀라운 축복은 하나님이 일하신다는 것이다. 믿음을 갖고 하나님 앞에 나아가면 믿음이 이긴다. 믿음이 이긴다는 것은 우리가 이긴다는 게 아니다. 하나님이 이기신다는 것이다.

기도했고, 믿음의 결단이 있었으면, 이제 작은 믿음의 결단일지언정 실행하는 게 중요하다. 작은 믿음의 실행은 우리의 '오병이어'를 드리는 것이다.

떡 다섯 개와 물고기 두 마리. 아무것도 아닌 오병이어. 이것으로는 문제를 해결할 수 없다. 그러나 오병이어가 수만 명을 먹인다. 하나님은 곱하기의 하나님이시다. 보잘것없는 오병이어에 하나님께서 무한한 능력을 곱하기로 베풀어주시면 기적이 일어난다. 넘치는 기적이 일어난다.

걱정하지 말고 하나님을 바라보라. 오병이어 기적의 역사가 당신의 인생에도 나타날 것을 믿으라. 다른 것을 신뢰하지 말고 하나님만 믿으라. 다른 것에 흔들리지 마라.

마음을 지키고, 교만을 조심하라. 교만은 믿음의 가장 큰 걸림돌임을 잊지 마라. 에서처럼 '난 사냥 잘한다, 능력자다'라는 교만이 주님을 붙잡지 못하게 한다. '내 힘으로 잘 살아갈 수 있다'라는 오만과 오판이 깊은 무덤을 판다.

말로는 '저는 아무것도 아니에요'라고 하지만 속으로는 '나 아니면 아무도 이걸 해결하지 못하지. 이 교회에서 내가 제일 잘하지'라고 생각하지 않는가? 이 생각을 잡아야 한다. 우리에겐 절대적으로 하나님이 필요하다. 그 날개 아래서만 기쁨과 만족을 경험할 수 있다.

하나님을 더 신뢰하자. 작은 믿음의 실행으로 믿음의 능력을 경험하자. 하나님의 곱하기의 능력이 임할 때 기적이 일어난다. 믿음이 자란다. 새로운 역사가 펼쳐질 것이다!

§

"믿음을 갖고 하나님 앞에 나아가면 믿음이 이긴다.

믿음이 이긴다는 것은 우리가 이긴다는 게 아니다.

하나님이 이기신다는 것이다."

The Victory of Faith

Chapter 6

믿음과 기다림

창세기 15:1-6 ; 21:1-3

¹ 이런 일들이 일어난 뒤에, 주님께서 환상 가운데 아브람에게 말씀하셨다. "아브람아, 두려워하지 말아라. 나는 너의 방패다. 네가 받을 보상이 매우 크다." … ⁵ 주님께서 아브람을 데리고 바깥으로 나가서 말씀하셨다. "하늘을 쳐다보아라. 네가 셀 수 있거든, 저 별들을 세어보아라." 그리고는 주님께서 아브람에게 말씀하셨다. "너의 자손이 저 별처럼 많아질 것이다." ⁶ 아브람이 주님을 믿으니, 주님께서는 아브람의 그런 믿음을 의로 여기셨다. … ²¹:¹ 주님께서는 말씀하신 대로 사라를 돌보셨다. 사라에게 약속하신 것을 주님께서 그대로 이루시니, ² 사라가 임신하였고, 하나님이 아브라함에게 약속하신 바로 그 때가 되니, 사라와 늙은 아브라함 사이에서 아들이 태어났다. ³ 아브라함은 사라가 낳아준 아들에게 이삭이라는 이름을 지어주었다.

인생은 기다림의 연속이다. 승진, 치유, 만남, 기회 등 우리는 항상 기다린다. 기다림처럼 쉽지 않은 일이 없다. 특히 분명한 미래가 보이지 않을 때는 더욱 그렇다.

'언제까지 기다려야 하나요?'

주님께 묻기도 여러 번이었을 것이다.

지금 무엇을 기다리고 있는가?

그 기다림이 믿음에 어떤 영향을 주고 있는가?

이런 질문은 믿음 생활에 중요하다. 기도 응답을 기다릴 때, 그분의 인도하심과 약속의 성취를 기다릴 때, 그 시간이 고되고 의미 없는 시간이 아니라 믿음이 자라고 단단해지는 시간임을 기억하자.

25년을 기다린 하나님의 약속

찰스 스윈돌 목사님은 이런 말을 했다.

"하나님은 기다림의 시간에 당신의 사람을 준비시키신다. 기다림은 하나님의 작업실이다."

하나님을 믿는다는 건, 내가 원하는 타임라인에 맞추어 하나님이 움직이신다는 게 아니다. 하나님의 일은 하나님의 계획 속에서 하나님의 때에 이루어진다.

창세기 21장 2절을 보면, "사라가 임신하였고, 하나님이 아브라함에게 약속하신 바로 그 때가 되니"라고 하셨다. 75세였던 아브라함에게 하나님은 자녀를 주겠노라고 약속하셨다. 그 약속을 100세가 되어 드디어 응답받았다. 25년을 기다리게 하신 것이다.

하나님께서는 아브라함에게 자녀를 주시겠다는 약속과 함께 이렇게 말씀하셨다.

"너의 자손이 저 별처럼 많아질 것이다."

만약 우리가 이런 약속을 받았다면 어떤 생각을 할까?

'아, 자손이 별처럼 많아진다고 하셨으니, 하나님이 해마다 아이들을 주시겠지? 어쩌면 쌍둥이들을 매년 계속 주시지 않을까?'

그러나 아무 일도 벌어지지 않았다.

우리가 일상에서 하나님을 경험하는 것이 믿음이라고 했는데, 그 일상에서 매번 하나님의 기적이 일어나는 것은 아니다. 우리가 생각하는 어떤 특별한 기적과 특별한 사건, '하나님이 나와 함께하셔'라고 굳게 믿을 만한 특별한 일들이 일어나야만 하나님의 역사가 아니다. 하루하루 평범한 일상 속에서 하나님의 말씀과 약속을 붙잡고 견디는 것이 하나님의 사람의 태도이다.

하나님의 약속보다
빠른 응답을 원하지 않았는가?
우리가 생각하는 문제 해결만이
하나님이 우리와 함께하신다는 증거는 아니다.

이 땅에서 힘도 좀 있었으면 싶고, 폼도 잡으며 살고

싶은데, 하나님이 도무지 도와주시지 않는 것 같을 때, 인생길에 산적한 문제가 도무지 언제 해결될지 기약이 없어 보일 때, 기다림은 지옥과 같다.

노예로 팔린 요셉은 설상가상으로, 보디발의 아내에게 누명을 쓰고 감옥에 갇혔다. 그곳에서 기다림의 시간이 시작되었다.

다윗은 사무엘에게 기름 부음을 받고 왕이 되기까지 광야에서 긴 기다림의 시간을 지나야 했다. 죽을 뻔한 위기의 연속이었다.

기다림의 시간보다 더 중요한 것은
그 시간 속에서 무엇을 배우고 있는가이다.
특별한 하나님의 역사만이 아니라
하나님의 말씀과 약속을 붙잡고
견디는 모습이 있는가?

우리는 유한한 사람들이다. 그래서 무한하신 하나님을 다 이해할 수는 없다. 특히 우리는 하나님의 시간표를 이해할 수 없다.

때로는 이런 생각이 들기도 한다.

'내가 하나님이면 이렇게 안 한다. 하나님께서는 어려운 일도 아닐 텐데…, 어떻게 성도를 이렇게 고생시키시지?'

그래서 우리가 하나님이 아닌 것이다.

인생길에는 우리가 알지 못하는 많은 일들이 일어난다. 그 많은 일들 속에서 하나님이 우리에게 원하시는 게 있다. 눈에 보이지 않아도 믿음이 이긴다는 확신, 그 확신 속에 거하기를 원하신다.

함께 기다리면 견딜 수 있다

물론 그것이 쉽지 않다. 쉽지 않기 때문에 하나님께서 이 땅에 교회를 세우셨다. 서로를 붙잡아주고, 사랑하고, 세워주며 그 믿음을 지켜주는 공동체로 교회가 세워졌다.

그렇기 때문에 교회 공동체 안에는 하나님의 일을 방

해하기 위한 악한 사탄의 역사도 있다. 수군수군하는 것, 절제하지 못하는 것, 자기중심적이고 이기적인 행동들, 말을 함부로 하는 것 같은 모습으로 나타난다. 그런 모습이 보일 때마다 우리는 더욱 깨어 있어야 한다. 그럴수록 서로 더 사랑하고 존중하는 마음을 새롭게 해야 한다. 나보다 남을 낮게 여기고 소중히 여기며 교회를 사랑하고 주님을 사랑해야 한다. 그럴 때 그 안에서 우리의 믿음이 더욱 굳건해질 수 있으며, 기다림의 시간을 함께 견뎌낼 수 있게 된다.

하나님의 응답보다 앞서지 말라

창세기 15장 6절에 아주 중요한 말씀이 나온다.

아브람이 주님을 믿으니, 주님께서는 아브람의 그런 믿음을 의로 여기셨다. 창 15:6

아브라함은 75세가 되었는데도 여전히 자녀가 없었다. 그에게는 아주 믿을 만한 종이 하나 있었다. 아브라함이 그를 얼마나 믿고 사랑했는지, 그에게 모든 것을 주려고 했다.

"주님께서 저에게 자식을 주지 않으셨으니, 이제, 저의 집에 있는 이 종이 저의 상속자가 될 것입니다." 창 15:3

그런 아브라함에게 하나님은 아니라고 하신다. "너의 몸에서 태어날 아들이 너의 상속자가 될 것"이라고 하시며 "너의 자손이 저 별처럼 많아질 것이다"라고 말씀하신다.

만약 내가 아브라함이었다면 이렇게 말했을 것 같다.

'아이고, 하나님, 제가 벌써 75세예요. 생각보다 나이가 많아요.'

그러나 아브라함은 아무 말도 안 하고 주님을 믿는다. 대단한 믿음이다. 하나님께서는 그 믿음을 의로 여기셨다.

그런 그가 그 이후에 실수를 한다. 하나님의 놀라운 역사를 기다리지 못하고 자신이 해결해보려고 하갈에게서 아이를 낳은 것이다. 그러고는 그 아이 이스마엘을 하나님이 약속하신 아들인 줄 안다.

믿음은 보이지 않는 것들의 증거다. 현실이 아니라 하나님의 약속만을 바라는 것이 믿음이다. 그러나 우리는 자신이 원하는 바를 기도한 후에 그걸 이루려고 하나님이 응답하시기 전에 움직인다.

응답을 이루어드리려는 것을 조심하자.
우리는 하나님의 뜻을 잘 모를 때가 많다.

나의 노력이 하나님의 약속을 성취하지 못한다. 나의 노력으로 하나님의 약속을 이뤄낼 수 없다. 하나님의 약속은 '하나님의 때'에 이루어진다. 내가 생각하는 '그 때'가 아닐 가능성이 크다.

그래서 믿음의 사람은 조금 더 단단해져야 한다. 왜냐

하면 하나님의 때를 기다리는 그 시간 동안, 속상한 일들도 있고 기가 찬 일들도 있고 아픈 일들도 있기 때문이다. 기다림은 쉽지 않다. 아무리 아브라함이라도 25년을 기다리는 것은 쉽지 않은 일이었을 것이다.

그러나 모든 성장은 기다림 속에서 이루어진다. 그 기다림 속에서 보이지 않는 하나님의 손길을 바라보는 것이 믿음이다.

존 파이퍼 목사님은 "기다림은 하나님의 축복을 담기 위한 그릇을 준비하는 시간이다"라고 말했다. 그러니 기다림 속에서 낙심하지 말자. 기다림을 기도의 자리, 말씀의 자리로 나아가는 시간으로 만들자.

하나님은 기다림을 통해 당신을 준비시키신다.
결코 당신을 잊지 않으신다.
때가 되면 반드시 이루신다.

아이를 키울 때 기어다니던 아이가 어느 날 갑자기 일어나 걷지 않는다. 아이에게 "기저귀를 수천 번 갈아줬으면 이제 알아서 걸어야 하지 않겠니?"라고 하는 부모는 없다. 부모는 아이가 자랄 때까지 기다린다. 그것도 기쁨으로 기다린다.

믿음도 기다려야 성장한다.

순종의 자리를 지켜라

때로는 하나님의 응답을 기다리는 시간이 가장 힘든 시험의 시간이 되기도 한다. 아무런 변화가 없을 때, 하나님의 약속이 점점 더 멀어지는 것 같기도 하다.

그러나 믿음은 훈련이다. 기다림도 훈련이다. 강아지를 키울 때 가장 많이 하는 훈련 중 하나가 "기다려"이다. 이 훈련을 잘할수록 주인에 대한 강아지의 충성심이 높아진다. 이 훈련에 실패하면 강아지가 주인을 무시한다.

하나님 앞에 기다리지 못하는 것은
우리가 하나님보다 앞서는 것이다.

기다리지 못하는 믿음은
우리가 하나님의 자리에 앉는 것이다.

약속의 성취를 기다린다.
기도하며 기다린다.
약속의 성취는 예수 그리스도다.
예수 그리스도가 약속의 성취를 이루셨다.

예수 그리스도의 약속의 성취를 믿고
나는 주인이 아님을 깨닫는다.
하나님은 신실하시다.
하나님을 잘 믿지 못하는 나에게도
신실하시다.

기다림의 시간에는 그저 순종의 자리를 지키는 것이 위대한 믿음이다. 무언가를 해야 하는 것이 아니다. 묵묵히 감당하는 것, 견뎌내는 것, 자리를 지키는 것, 이것이면 된다. 기다림 속에 진짜 믿음이 드러난다.

하나님이 하셨다

하나님은 왜 그러셨을까? 왜 그렇게 오래 기다리게 하셨을까?

이스마엘이 태어난 후 동네 사람들은 아브라함과 하갈의 관계를 더 부각시켰을 것이다.

"아브라함 대단하네! 아직 건강하구먼!"

"이제 사라가 불쌍해서 어쩌누."

동네 사람들이 수군수군 시끄럽다. 하나님의 약속보다는 인간적인 시각으로 바라보고 떠들어댔을 것이다.

그러나 100세의 아브라함과 90세의 사라가 이삭을 낳았을 때는 어땠을까? 온 동네가 하나님이 약속하셨던 그 아들이 태어났음을 고백했을 것이다.

"아브라함이 아들을 낳았대!"

"뭐, 진짜? 하나님이 약속하셨다던 그 아들이야? 이런 일은 절대 일어날 수 없어. 하나님이 하셨네!"

"하나님이 하셨네", 이것이 가장 중요하다.

하나님의 때는

어느 누구도 사람이 했다고

말할 수 없는 그 때다.

우리 인생에도 그런 경험이 있다.

"하나님이 하셨다!"

"하나님이 풀어주셨다!"

"하나님이 살리셨다!"

이런 고백이 있던 순간이 있다.

믿음은 기다릴 수 있는 용기다.

믿음이 이긴다!

하나님이 하신다!

성경은 가장 많은 기다림이 일어나는 순간이, 하나님이 우리를 향해 은혜를 베풀려 하시는 때임을 말씀한다.

그러나 여호와께서 기다리시나니 이는 너희에게 은혜를 베풀려 하심이요 일어나시리니 이는 너희를 긍휼히 여기려

하심이라 대저 여호와는 정의의 하나님이심이라 그를 기다리는 자마다 복이 있도다 사 30:18, 개역개정

기다림 속에서 우리는 그분의 행하심을 목격한다. 그러나 가장 많이 기다리는 분은 하나님이시다. 그분은 오늘도 우리를 기다려주신다.

기다림 속에서 기억하자. 하나님이 우리를 더 많이 기다려주고 계신다는 사실을. 그리고 하나님의 때가 이르면 그분이 이루실 것이란 사실을!

기다림 속에서 꼭 기억할 세 가지

기다림 속에서 우리가 꼭 기억할 세 가지가 있다.

첫째, 하나님을 신뢰한다.

기다림 속에서 하나님을 신뢰하지 않으면 힘들다. 하나님을 향한 신뢰가 흔들릴 때는 의지적으로 붙잡고 기다려야 한다. 농부는 봄에 씨를 뿌리고 가을까지 기다린

다. 바로 추수할 수는 없다.

둘째, 흔들릴 때마다 하나님께 감사한다.

감사를 선포하라. 마음에 감사가 별로 없어도 의지적으로 선포하는 것이다.

"감사합니다, 주님. 상황은 이해할 수 없지만 하나님을 신뢰합니다"라고 선포한다. 때로는 몸부림을 치며 "나는 감사합니다. 신뢰합니다"라고 선포한다.

셋째, 끝까지 하나님과 동행하며 그분에게서 벗어나지 않는 것이다.

믿음이 좋아서, 하나님을 너무 사랑해서 하나님과 동행하는 날들도 있겠지만, 그렇지 않은 날들도 있을 것이다. 그럴 때도 이를 악물고 주님과 같이 가는 것이다. 주님의 옷자락이라도 붙잡고 가는 것, 내가 믿어지지 않을 때도 주님 옆에서 떨어지지 않는 것, 흔들릴 때도 주님의 손에서 벗어나지 않는 것이다.

팀 켈러 목사님은 "하나님은 우리가 원하는 것을 주시

기 전에 우리가 그것을 감당할 수 있는 사람으로 만드신다"라고 하셨다. 이것을 기억하자.

기다림 속에서 하나님을 신뢰하다가 신뢰가 흔들리면 감사한다. 안 믿어져도 감사한다. 하나님이 이루실 것을 믿고 감사한다. 나를 사랑하시는 것을 믿고 감사한다. 하나님의 약속은 반드시 성취된다는 것을 믿고 감사한다. 그리고 어떤 흔들림이 있어도 주님의 손을 절대 놓지 않는다.

하나님이 나를 키우는 시간

하나님이 너무 무심하다고 느낄 때도 있다. 우리에게는 즉각 순종을 바라시면서 왜 하나님은 즉각 응답을 안 해주실까?

답은 간단하다. 그렇게 되면, 분명 우리가 한 줄 안다. 하나님의 자리를 차지하고 서 있는 우리의 모습을 보게 될 것이다. 판단하는 자의 자리에 서서 자신이 뭔가 된 줄 알고 설치고 있을 것이다. 기다림을 주시는 이유가 있다.

기다림을 하나님이 주신다.
기다림 속에서 성장한다.
"하나님이 하셨다"라는 간증을 소유하게 된다.

SNS에서 유행하는 표현이 있다. '○○ 보유국'이라는 표현이다. '우리나라는 BTS 보유국'이라거나 '노벨문학상 보유국' 같은 표현이다. 우리는 '간증 보유 크리스천'이 되어야 한다. "하나님이 하셨다"라는 간증이 우리 삶에 있어야 한다. 간증을 가지고 있는 자와 없는 자는 하늘과 땅 차이다.

그리고 이런 간증이 있는 사람은 대개 기다림의 시간을 지나왔다.

물론, 기다림은 너무 힘들다. 너무 싫다. 하나님의 응답을 기다리는 것이 너무 지친다. 그러나 기다림 속에서 성장한다. 그리고 "하나님이 하셨다"라는 간증이 생긴다.

성장하고자 하는 자의 삶에는 반드시 기다림이 있다. 하나님이 내게 어떤 기다림을 요구하시면, 하나님이 나를 키우고 계시는구나 생각하자.

"하나님도 하셨다"라는 간증은 안 된다.
"하나님이 하셨다"만 있어야 한다!

정확한 하나님의 때에 하나님이 하신다. 창세기 21장에서 볼 수 있듯이, 하나님의 때는 정확하다. 하나님의 때가 온다. 절대로 잊지 말자.

그래서 기다림의 시간 속에서 "두려워하지 말라"라고 말씀하신 하나님의 약속을 붙들어야 한다. 두려워하면서 그 기다림의 시간을 보낼 것인가, 아니면 하나님께 맡기고 갈 것인가? 이왕이면 담대하게 그 시간을 지나면 좋지 않겠는가?

하나님은 하나님의 때에 그분의 약속을 이루신다. 우리가 잊고 있는 것까지도 하나님은 그분의 때에 응답하신다. 그래서 우리는 응답을 다 못 받은 것 같아도, 하나님은 매일 응답하고 계신다.

내 눈앞의 한 가지 기도제목만 놓고 하나님을 생각하면 안 된다. 수없이 많은 생각과 고백과 많은 말들을 하나님은 매일매일 이루고 계신다.

아무 기약 없이 매일 기다리기만 하는 것 같지만 오늘도 하나님은 무언가를 응답하신다. 매일매일 하나님은 응답하고 계신다. 하나님의 약속을 붙잡고 현실에서 승리하자. 믿음이 이긴다.

The Victory of Faith

Chapter 7

믿음의 공동체

 히브리서 10:24,25

²⁴ 그리고 서로 마음을 써서 사랑과 선한 일을 하도록 격려합시다. ²⁵ 어떤 사람들의 습관처럼, 우리는 모이기를 그만하지 말고, 서로 격려하여 그날이 가까워 오는 것을 볼수록, 더욱 힘써 모입시다.

믿음은 공동체 안에서 자라고 공동체를 통해 지켜진다. 하나님께서 우리에게 믿음을 주셨고, 그 믿음은 능력이다. 하나님께서 주신 믿음의 능력을 붙잡고 나아가기 위해 이 땅에 세우신 것이 교회다.

죄인들이 모인 곳이 교회이기에 교회는 여러 문제를 안고 있지만, 그럼에도 교회만큼 좋은 곳은 없다. 그래서 사탄도 교회를 공격하는 것이다.

힘들고 속상한 일이 있더라도, 교회는 소중하다. 이 땅의 모든 하나님의 몸 된 교회를 사랑하고, 또 사랑하려고 애쓴다.

믿음은 혼자 세워지지 않는다

개인의 믿음과 공동체는 어떻게 연결되어 있을까? 믿음의 공동체를 이루는 개인의 믿음이 물론 중요하다. 개인의 믿음의 질에 따라서 공동체의 믿음이 유지된다. 개인의 믿음이 하나님 앞에 온전한 태도로 서 있어야 공동체 전체의 믿음이 흔들리지 않는다.

그러나 믿음은 홀로 세워지기 어렵다. 예수님도 제자들의 공동체를 통해 그들의 믿음을 세우셨다. 개인주의가 팽배한 시대이지만, 하나님의 백성은 '함께' 부르심을 받았다.

홀로 사는 사람들이 많아지고 다른 사람과 함께 무언가를 하는 것이 쉽지 않은 시대에, 공동체는 더욱 중요하다.

미국에서 실시한 한 실험에서 외로움은 하루에 담배를 15개비 피우는 것만큼이나 건강에 해롭다는 결과가 나왔다. 혼자가 편하고 익숙한 시대인 만큼, 믿음의 공동체 안에서 함께하는 것이 더 중요해지는 까닭이다.

서로 돌아보아 믿음을 지켜라

교회 안에서 우리가 해야 할 일은 서로 돌봐주는 것이다. 서로 돌보고 격려하며 붙잡아주는 것이 믿음을 키운다. 개인의 믿음은 서로를 돌아보고 돌볼 때 공동체성의 믿음으로 커진다.

서로 돌아보아 사랑과 선행을 격려하며 히 10:24, 개역개정

교회는 서로 돌아보아 사랑과 선행을 격려해야 한다. '서로 돌아본다'는 것은 의도적으로 관심을 갖는 것이다. '격려'는 헬라어로 '강한 자극, 동기 부여'를 뜻한다. 믿음의 공동체는 서로를 자극하고 도전하는 관계다.

영국 옥스퍼드대학교 연구팀은 조정부 선수들을 대상으로 팀 훈련과 개인 훈련을 비교하여 실험을 했다. 그 결과 혼자 노를 젓는 것보다 팀으로 노를 저을 때 엔도르핀이 더 많이 분비되어 고통에 대한 내성이 두 배 이상 증가했다고 한다. 결국 혼자 노를 젓는 것보다 함께 노

를 저을 때 훈련 효율이 훨씬 높아진다는 것이다. 함께 하면 더 멀리, 더 깊이 나아갈 수 있다.

옆에 있는 지체와 서로를 돌아보며 돌보아주는 것은 참 소중한 일이다. 서로 돌아보고 격려하며 붙잡아주는 것이 믿음을 강하게 하고 자라게 한다.

남을 나보다 낫게 여기고 그를 소중하게 여기며 그를 돌아보라.

우리는 보통 서로를 돌아보는 것은 사역의 차원이고 하나님 앞에 나아가는 것은 믿음의 요소라고 생각하는데, 그렇게 나눌 수 있는 게 아니다. 하나님이 말씀하신 분명한 믿음의 요소 중 한 가지는 서로를 돌아보는 것이다.

그래서 서로를 돌아보지 않으면, 그건 교회로서의 사명을 다하지 못하는 것이다. 바로 우리 자신이 교회이기 때문이다. 우리 한 사람 한 사람이 교회로 부름 받았다. 그래서 우리는 서로 돌봐야 한다.

주의 깊게 살펴보고
책임지는 공동체가 되자.
믿음의 공동체는 서로에게
무관심하지 않는다.

유진 피터슨은 "믿음은 서로의 눈빛 속에서 살아난다"라고 했다. 따뜻한 눈빛으로 서로를 섬기는 것이 신앙이다.

교회를 세우고, 교회가 되는 것

온라인예배가 시작되면서 교회에 모여 함께 예배드리는 것보다 집에서 혼자 예배드리는 것을 선호하는 사람들이 생겼다. 집중이 더 잘 된다고 한다. 사람들에게 치이고, 상처받고, 마음이 어려워지느니 하나님께만 집중하고 싶다는 것이다. 하나님과 일대일의 관계를 맺으며 말씀을 붙잡으면 혼자서도 신앙생활을 할 수 있다고 생각하는데, 그렇지 않다.

왜냐하면 이 땅에 교회를 세우고 이 땅에 교회가 되는 일이 우리의 사명이기 때문이다. 하나님이 우리 한 사람 한 사람에게 주신 사명이다. 이 사명은 우리 마음대로 바꿀 수 없다.

교회를 세우고
교회가 되는 일은,
하나님이 우리에게 주신
우리의 사명이다!

많은 이들이 말한다.
"나는 혼자가 좋아. 혼자가 편해."
당연히 그렇다. 내향적인 사람들은 교회에 모여 예배하는 것보다 혼자서 집중하며 예배드리는 것이 어쩌면 자기 신앙에는 도움이 될 수도 있다. 그러나 우리에게 주신 사명은 믿음의 공동체를 이루고 서로 돌아보는 것이다.

옆에 있는 사람을 돌아보고 지체들을 돌아보아야 한다. '모이기를 폐하지 말라'고 하신 말씀처럼, 믿음의 사람에게 가장 중요한 공동체성을 지켜야 한다. 그래서 공동체를 사랑해야 하고, 기뻐해야 하고, 아껴야 한다. 믿음 안에서 한 몸으로 연합하여 살아가야 한다.

가까운 사람에게, 작은 사랑부터

선교지에 가면, 그들은 처음 만났지만 금세 서로 형제 자매가 된다. 선교 가서는 그렇게 사랑을 잘할 수 없다. '사랑합니다. 축복합니다'라고 입술이 닳도록 고백한다. 그런데 선교지에 가서야 만날 수 있는 먼 곳의 사람은 사랑하기 쉬운데, 바로 옆에 있는, 매주 만나야 하는 지체는 사랑하기가 어렵다.

잘 알지도 못하는 사람이 수술한다고 하면 열심히 후원해서 수술하게 한다. 그런데 내 옆에서 아파하는 지체의 손은 안 잡아준다.

믿음의 사람은 서로를 돌아본다.
믿음의 사람은 서로를 소중히 여긴다.
믿음의 사람은 서로를 붙잡아준다.

사랑과 선행은 작은 일부터, 옆에 있는 사람에게 베푸는 것부터 시작해야 한다. 그런데 우리는 자꾸 멀리 있는 사람부터 사랑하려고 한다. 바로 가까운 사람에게, 아주 작은 일부터 시작하자. 믿음의 사람이 하는 일은 옆에 있는 사람을 돌보는 것이다.

그런데 문제는 내 옆에 있는 그 사람이 싫다는 것이다. "목사님, 저는 저 집사님이 제게 관심을 보이는 게 불편하고 싫어요. 저는 저 사람과 가까이하고 싶지 않아요."

그러나 서로를 돌아보는 것은 싫고 좋고의 문제가 아니라, 하나님이 우리에게 주신 숙제이자 사명이다. 사명은 순종하는 것이지, 이해하는 것이 아니다. 사명은 목숨을 거는 것이고, 순종하는 것이다. '왜 이 사명을 나에게 주셨을까?' 고민하고 이해하려고 노력하는 게 아니다.

물론 너무 힘들게 하는 지체가 있다면 교역자의 도움을 받는 게 좋다. 하지만 보편적으로 사람을 대할 때 '나는 이 사람에 대하여 책임이 있다'라고 생각하고 공동체를 섬겨야 한다.

공동체는 회복의 공간이다.
공동체는 훈련의 공간이다.
공동체는 기다림과 성장의 공간이다.

내가 그렇게 누군가를 섬기는 것처럼, 내 신앙이 흔들릴 때 누군가의 섬김과 기도가 나를 붙들어준다. 내 믿음이 연약할 때, 공동체가 나를 보호해준다. 그래서 서로를 돌아보는 것은 사명이다.

모이기를 힘쓰라

공동체를 섬기는 방법 중 또 하나는 '모이기에 힘쓰는

것'이다. 우수한 성적보다 우수한 출석이 가장 중요하다.

초대교회 때는 박해와 고난과 혼란이 극심하여 교회 모임에 참여한다는 것 자체가 생명의 위협을 의미했다. 하지만 그들은 모였다. 더 모여서 기도하고, 서로를 붙들어주었다.

모이기를 힘쓰는 것이 믿음의 성장을 위한 하나님의 명령이다. 믿음의 성장을 위해서 하나님은 우리가 모이기를 원하신다.

믿음의 공동체로서 꼭 해야 할 일

하나님이 모이기를 원하셨으니, 모여야 한다. 믿음의 공동체로서 우리가 해야 할 일이 세 가지 있다.

첫째, 서로를 세운다.

서로를 세우는 것은 너무 중요하다. 상대방에 대해 '당신은 소중한 사람이다. 나보다 나은 사람이다'라는 마음을 항상 가져야 한다.

둘째, 서로 돌아보는 믿음을 지킨다. 서로의 믿음을 지켜야 한다.

'나의 믿음'을 지키는 만큼 '너의 믿음'을 지켜주는 사람이 되어야 한다. 서로의 믿음을 지켜줘야 우리의 믿음이 지켜진다. 교회는 그런 곳이다.

교회 안에 많은 허점이 있지만, 교회만큼 좋은 곳이 없다. 교회 안에서 누가 슬픔을 당하면 온 공동체가 다 슬프다. 누가 잘되면 모두가 신나서 기뻐한다. 그게 교회다.

그래서 사탄은 교회를 공격한다. 모이지 않게 하려고 공격한다. 마음에 상처를 주고 관계를 무너뜨리고 어렵게 만든다. 누군가로 인해 마음이 어려워진다.

이런 일이 벌어지면 건강한 믿음의 성품 속에서 대처하자. 하나님의 방법은, 나에게서 문제를 찾고 남에게는 유연하게 대하는 것이다. 사탄의 공격에 지지 말고 공동체를 사랑하고 서로를 세우며 믿음을 지키자.

셋째, 영적 성장 도우미가 되자.

나의 영적 성장에 만족하면 안 된다. 나의 영적 성장으로만 기뻐하면 안 된다. 나의 영적 성장은 당연한 것이다. 우리는 다른 사람의 영적 성장을 돕는 사람이 되어야 한다.

다른 사람의 영적 성장을 돕는 사람이 되어야지, 도리어 시험을 주는 사람이 되면 안 된다. 그러려면 나의 삶과 입술을 돌아보는 것이 굉장히 중요하다.

교회를 건강하게 만드는 중요한 핵심 부분이 나의 영적 성장이 중요한 만큼 다른 사람의 영적 성장을 돕는 사람이 되는 것이다.

우리 이렇게 기도하자.

"모든 일에 격려하는 사람이 되게 하소서.
입이 열리면 격려하는 말을 하게 하옵소서.
모이는 데 힘쓰게 하옵소서.
무슨 일이 있어도 모이는 데 애쓰게 하옵소서.
베푸는 사람이 되게 해주옵소서.

받는 데 익숙한 사람이 아니라

베풀고 섬기는 사람이 되게 하옵소서."

  모이기에 힘쓰고, 서로를 돌아보아 서로 섬기는 데 애쓰자. 내가 섬기기는 싫고 다른 사람들이 나에게 신경 써주는 것만 좋다면, 아직 신앙이 어린아이라는 것을 인식해야 한다. 이것을 인식하는 것이 성숙을 향해 나아가는 첫걸음이다. 누군가에게 사랑 받는 것을 당연하게 여기면 성장하지 못한다.

  마지막 때일수록 교회는 흔들릴 것이다. 그러나 초대교회 때부터 지금까지 교회가 어려울 때 누군가는 기도했고 눈물을 흘렸다. 누군가는 애를 썼고, 누군가는 섬겼다. 그렇게 교회가 지켜져왔다. 이제 우리가 그 사람이 되어야 한다. 그래서 서로의 믿음을 지켜주는 믿음의 공동체가 되어야 한다.

The Victory of Faith

Chapter 8

믿음의 상급

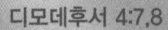
디모데후서 4:7,8

⁷ 나는 선한 싸움을 다 싸우고, 달려갈 길을 마치고, 믿음을 지켰습니다. ⁸ 이제는 나를 위하여 의의 면류관이 마련되어 있으므로, 의로운 재판장이신 주님께서 그날에 그것을 나에게 주실 것이며, 나에게만이 아니라 주님께서 나타나시기를 사모하는 모든 사람에게도 주실 것입니다.

믿음의 상급은 하나님께서 주시는 상이다. 겸손한 척하며 "저는 상급 필요 없어요. 천국만 가면 돼요"라고 말하면 안 된다. 믿음의 상급은 꼭 받아야 한다.

믿음의 상급을 받기 위해 끝까지 달려간 믿음의 사람으로 살아내자. 인생의 끝자락에서 무엇을 얻었는가보다 무엇을 지켰는가를 생각하는 삶을 살자. 매일 '오늘도 나는 믿음을 지켰다'라고 고백하는 삶을 살아보자.

선한 싸움을 싸우라

믿음의 상급을 받기 위해 우리는 세 가지를 붙잡아야 한다. 그 첫 번째는 선한 싸움을 싸우는 것이다.

믿음은 싸움이다.

선한 싸움을 싸워야 한다.

끝까지 싸워야 한다.

선한 싸움은 시험과 고난을 이야기하는 것이 맞다. 믿음을 가지고 살아가면 시험과 고난이 있기 마련이다. 시험과 고난이 없이 하나님을 기쁘시게 하는 믿음으로 세워질 수 없다. 그래서 믿음을 가지고 이 세상을 사는 것이 힘들다.

세상에서 누구를 속여서 뭘 하나 얻는다고 그것으로 끝이 아니다. 반대로 오늘 우리가 이 땅에서 손해 본다고 그것으로 끝이 아니다. 대가를 치른다. "너만 예수 믿냐? 너는 왜 그렇게 유별나냐?"라는 말을 들어볼 필요가 있다. 그럴 만큼 믿음의 선한 싸움을 싸우며 치열하게 살아볼 필요가 있다.

믿음은 선한 싸움을 싸우는 것이다. 그래서 믿음의 삶은 쉽지 않다. 믿음의 삶엔 아픔이 따른다. 때로는 믿음의 삶을 살다가 교회 안에서조차 이해를 받지 못하고 어려움을 당할 때가 있다.

그러니 정신을 똑바로 차리고 고난을 두려워하지 말자. 징징대지 말고 힘써서 해결하자. 기도하고 말씀을 읽자. 단순하고 분명하게 승부를 걸자. 결국 믿음이 이긴다!

달려갈 길을 가라

둘째로, 우리는 달려갈 길을 가야 한다. 달려갈 길은 '사명'이다.

하나님은 사명을 주신다. 그분은 이 땅에 우리를 그냥 보내시지 않았다. 교회를 세우는 사명을 주시고, 교회가 되는 사명을 주셨다. 이 땅에서 교회로서 능력을 행하게 하시고, 하나님께서 원하시는 삶을 살게 하신다. 하나님의 부르심에 그분의 약속을 붙잡고 나아가는 것이다.

하나님이 주신 사명을 붙잡고 뜨겁게 나아가지만, 그 사명의 길이 쉽지는 않다. 우리는 연약한 사람이다. 그래서 흔들린다. 흔들리는 믿음에 대해서 배웠듯이, 그렇게 흔들릴 때 너무 실망하지 말고 하나님과 다시 한번 점검하는 시간이라고 생각하고 우리의 믿음을 돌아보자.

우리에게 주신 교회 공동체는 그 흔들림을 방지하기 위해 있는 것이다. 옆에 있는 사람의 손을 잡고 같이 가자. 사명은 끝까지 지키는 것이다. 하나님께서 부어주신 사명을 끝까지 지키자.

예수님은 머리로 믿는 게 아니다.
예수님은 가슴으로 믿는다.

심장을 다시 뛰게 하시는 분은 예수님이시다. 주님께서 심장을 뛰게 하시고, 사명의 불을 허락하신다. 사명은 가슴에 불을 받는 것이다. 그 불을 유지해야 한다.

장작을 땔 때, 불 한 번 피워놓고 그대로 두는 게 아니다. 새 나무를 넣으며 부채질하면서 계속 불을 지펴야 한다. 불이 한 번 붙었다고 그 불이 계속 타오르는 게 아니다.

영적으로도 사명의 불이 한 번 뜨거워졌다고 계속 가는 게 아니다. 불을 계속 지펴야 하고, 새로운 말씀과 은혜를 받아야 한다.

새로운 역사를 기대하자.
지난 은혜로 살지 말고
새로운 오늘의 은혜로 살아가자.
하나님의 손에 잡혀
선한 싸움을 감당하자.

믿음을 지켜라

선한 싸움을 싸우고, 달려갈 길을 달려간 후에, 세 번째로 붙잡아야 할 것은 믿음을 지키는 것이다. 믿음을 지키는 것이 본질이다.

예수님을 믿는다는 것은 믿음을 갖는 데서 끝나는 것이 아니다. 믿음을 지켜야 한다. 반드시 사수해야 한다.

믿음을 빼앗아 가려고 악한 사탄이 우는 사자와 같이 우리를 노려보며, 우리를 공격한다. 이렇게도 쳐보고 저렇게도 쳐보고, 직장생활을 힘들게도 했다가 가정을 힘들게 하기도 한다. 돈이 없게 하기도 하고, 병이 들게도 한다. 별일이 다 일어난다.

그러나 이미 전쟁에서 승리하신 예수 그리스도가 우리 주님이시고, 그 예수 그리스도의 이름으로 우리는 나아간다.

사탄의 밥이 될 수 없다.
툭 건드리면 넘어지고 마는
비실비실한 믿음을 가진 채로
더 이상 살 수 없다.
언제까지 그렇게 살 것인가?

이제 '어떻게 하면 나 하나 잘살 수 있을까?' 하며 겨우 내 한 몸 이끌고 예배드리는 정도의 인생을 살면 안 된다. 우리 자신만 돌아보는 정도의 믿음 생활이 아니라 누군가의 손을 잡아주는 사람이 되자. 누군가의 손을 잡아주고, 믿음을 지키는 삶의 본이 되는 그런 신앙생활을 해야 한다.

성경에 보면 믿음의 선조들이 많이 나온다. 천국의 기록에 우리 이름이 믿음의 사람으로 등장할 수 있도록 기도하자. 지금은 너무 먼 일 같지만, 하루하루 믿음을 지키며 한 걸음씩 나아가다 보면 그 영광스러운 날을 맞게 될 것이다.

믿음을 지키고, 본질을 지키자.
나 하나 어떻게 돌볼까 생각하지 말고
누군가를 끌어안는 사람이 되자.

선한 싸움 싸우고, 달려갈 길을 마치고, 믿음을 지키면, 의의 면류관이 준비되어 있다. 영광스러운 하나님께서 허락하신 믿음의 상급이다.

하나님이 우리 이름을 부르셨다

이 땅을 하나님께서 말씀으로 창조하셨다. 별이 있으라 하시니 별이 생겼고, 산과 하늘과 물을 조성하셨다.

그냥 말씀 한마디로 하셨다. 그렇게 하셨는데, 자연을 보면 정말 놀랍다. 주님의 창조물이 참으로 놀랍다.

자연만 봐도 '이걸 누가 만들었을까?' 싶으면서, 입이 딱 벌어진다. 자연에서 나오는 색깔은 물감으로도 잘 표현이 안 된다. 사진으로 담는 데도 한계가 있다.

해운대 장산에만 올라가도 펼쳐지는 광경이 놀랍다. 네팔의 포카라에 가면 히말라야가 보이는데, 굉장히 먼 곳인데도 바로 내 눈앞에 있는 것 같다. 심장이 멎을 만큼 경이롭다. 내가 목사라서가 아니라 '어떻게 이런 놀라운 자연 앞에서 하나님이 안 믿어질까?' 싶어서 오히려 놀랍다.

하나님이 그런 분이시다. 그렇게 놀랍고 멋진 세상을 말씀으로 창조하셨다. 그 위대하신 하나님이 당신의 이름을 부르셨다. 당신의 이름을 부르시고, 그분의 일을 맡기셨다. 그것이 바로 사명이다. 그리고 그 사명을 다하면, 마음을 다하여 주님의 말씀대로 살면 의의 면류관을 주시려고 준비해두셨다.

천국의 기쁨을 누리며 살자

천국을 상상해보라. 우리에게 주어질 의의 면류관을 상상해보라. 아름다운 자연을, 너무나 놀랍고 장엄한 자연 만물을 말씀으로 만드신 그분이 마음먹고 작정하고 만드신 곳이 천국이다. 그 천국은 얼마나 좋을까? 상상이 안 된다. 천국을 바라보면서 살아가자.

천국의 기쁨은 천국에서 시작되는 게 아니다. 믿음의 사람에겐 이미 시작되었다. 이 땅에서 그 기쁨의 조각을 누릴 수 있다.

하나님과 함께하는 이 땅은 지옥이 아니다. 이 땅은 고난만 있는 곳이 아니다. 하나님과 함께하면 기쁨이 있다.

주님이 당신을 기쁘게 세우셨다.
행복하기를 원하셨고,
사명을 주셨다.

천국의 기쁨이 가득한 이 땅의 삶을 살아가자. 성령 충만한 예배를 통해 믿음으로 승리하자.

믿음이 이긴다. 얼마나 좋은가? 믿음은 무승부가 나거나, 승률이 반반이라서 이길 수도 있고 질 수도 있는 게 아니다. 믿음은 이긴다. 예수 그리스도의 이름으로 이긴다. 그 승리를 누리자.

하나님의 상급이 기다린다

의의 면류관이 기다린다.

그날에 하나님이 당신을 칭찬하시며 "내 딸아, 내 아들아, 수고했다. 고생했다. 네가 최선을 다했다. 고맙다"라고 말씀하시며 의의 면류관을 씌워주실 것이다.

하나님이 우리에게 '고맙다'라고 하시면, 우린 그 벅찬 가슴을 감당할 수 있을까? 아마 펑펑 울고 난리가 날 것이다.

우리 그 천국에서 꼭 만나자. 이 땅에서 잘 지내다가 그 아름다운 천국에서, 그 영광스러운 천국에서 만나자. 그곳에서 하나님의 상급을 받자.

교회에 다니기만 한다고 다 천국 가는 게 아니란 사실을 알면서도, 여전히 정신 못 차리고 믿음을 한구석에 던져놓는 그런 삶은 살지 말자. 주님이 나의 주인이심을 선포하며 승리하자. 믿음을 지켜서 사명을 다하는 뜨거운 마음으로 살아가자.

나 하나 겨우 지탱하는 믿음이 아니라 공동체를 살리는 믿음의 사람으로 살자. 열심히 살다가 지치고 어려울 때 그 손을 잡아주는 사람이 되자.

믿음을 지켜서 공동체를 살리는 사람, 공동체를 행복하게 하는 사람이 되자. 공동체에 계속 믿음의 장작을 집어넣어 성령의 불길을 일으키는 사람, 예배에 목숨 거는 그런 믿음의 사람이 되자.

하나님이 이기게 하신다

하나님은 우리를 승리케 하시는 분이다. 그분이 주실 상급의 확신을 가져라. 고난과 희생을 무서워하고 두려워하지 말라.

'내가 이렇게까지 해야 할까?' 생각하지 말고 상급을 향해서 뛰는 것이다. 기쁘게 선한 싸움을 환영하라. 하나님을 붙잡아라.

우리는 혼자 싸울 수 없기에 하나님이 공동체를 세우셨다. 이는 100미터 경주가 아니고 마라톤이다. 마라톤에서 한 사람이 우승하기 위해 함께 뛰어주는 페이스메이커들이 있다. 옆에서 함께 뛰는 사람이 되자. 공동체가 함께 뛰자. 하나님의 은혜로 우리 모두 완주해야 한다. 완주의 끝은 천국이다.

상급을 향해서 함께 뛰자.
상급은 우리의 소망이다.

상급은 선교사님들 몇 분만 받는 것이 아니다. 믿음을 지킨 우리 모두에게 의의 면류관이 준비되어 있다. 믿음으로 살면 그 믿음이 나를 변화시킨다. 믿음의 사람답게 믿음으로 승부를 걸자. 이 땅에 욕심내지 말자. 하나님이 원하시는 승리의 삶을 살자.

하나님이 하셔야 한다. 머리로 하는 게 아니라 무릎으로 하는 것이다. 마음으로 하고 심장으로 해야 한다. 심장이 터지도록 주를 사랑하자.

어떤 일에도 믿음을 타협하지 말자. 절대로 타협하지 말자. 세상의 방법을 동원하지 말자. 우리 그렇게 한번 살아보자.

그러다 망해도 된다. 이 땅에서 망하는 건 괜찮다. 직장에서 잘린 것은 그냥 직장에서 잘린 것뿐이다. 그건 실패가 아니다. 돈을 못 번 것은 그냥 돈을 못 번 것이다. 그건 실패가 아니다. 실패는 하나님을 떠나는 것이다.

믿음 생활을 하다가 별것도 아닌 싸움에 져서 하나님을 떠나지 않도록 마음을 모으고, 기도하고, 공동체와 함께 믿음의 선포로 승리하자! 하나님이 이루시는 놀라운 일들을 목격하며 함께 나아가자!

믿음이 이긴다!

§

"믿음은 무승부가 나거나, 승률이 반반이라서
이길 수도 있고 질 수도 있는 게 아니다.
믿음은 이긴다. 그 승리를 누리자."

믿음이 이긴다

초판 1쇄 발행	2025년 10월 29일
초판 2쇄 발행	2025년 11월 3일

지은이	홍민기

펴낸이	여진구		
책임편집	이영주 진효지		
편집	최현수 구주은 안수경 김도연 김아진 배예담		
책임디자인	남은진 정은혜 ǀ 마영애 노지현 조은혜		
마케팅	김상순 강성민	마케팅지원	최영배 정나영
제작	조영석 허병용	경영지원	김혜경 김경희 김영하

303비전성경암송학교 유니게 과정
이슬비전도학교 / 303비전성경암송학교 / 303비전꿈나무장학회

펴낸곳	규장

주소 06770 서울시 서초구 매헌로 16길 20(양재2동) 규장선교센터
전화 02)578-0003 팩스 02)578-7332
이메일 kyujang0691@gmail.com   홈페이지 www.kyujang.com
페이스북 facebook.com/kyujangbook   인스타그램 instagram.com/kyujang_com
카카오스토리 story.kakao.com/kyujangbook
등록일 1978.8.14. 제1-22

ⓒ 저자와의 협약 아래 인지는 생략되었습니다.
이 출판물은 저작권법에 의해 보호를 받는 저작물이므로 무단 전재와 무단 복제를 할 수 없습니다.

책값 뒤표지에 있습니다.
ISBN 979-11-6504-664-4 03230

규 ǀ 장 ǀ 수 ǀ 칙

1. 기도로 기획하고 기도로 제작한다.
2. 오직 그리스도의 성품을 사모하는 독자가 원하고 필요로 하는 책만을 출판한다.
3. 한 활자 한 문장에 온 정성을 쏟는다.
4. 성실과 정확을 생명으로 삼고 일한다.
5. 긍정적이며 적극적인 신앙과 신행일치에의 안내자의 사명을 다한다.
6. 충고와 조언을 항상 감사로 경청한다.
7. 지상목표는 문서선교에 있다.

하나님을 사랑하는 자 곧 그의 뜻대로 부르심을 입은 자들에게는 모든 것이 合力하여 善을 이루느니라(롬 8:28)

규장은 문서를 통해 복음전파와 신앙교육에 주력하는 국제적 출판사들의
협의체인 복음주의출판협회(E.C.P.A:Evangelical Christian Publishers
Association)의 출판정신에 동참하는 회원(Associate Member)입니다.